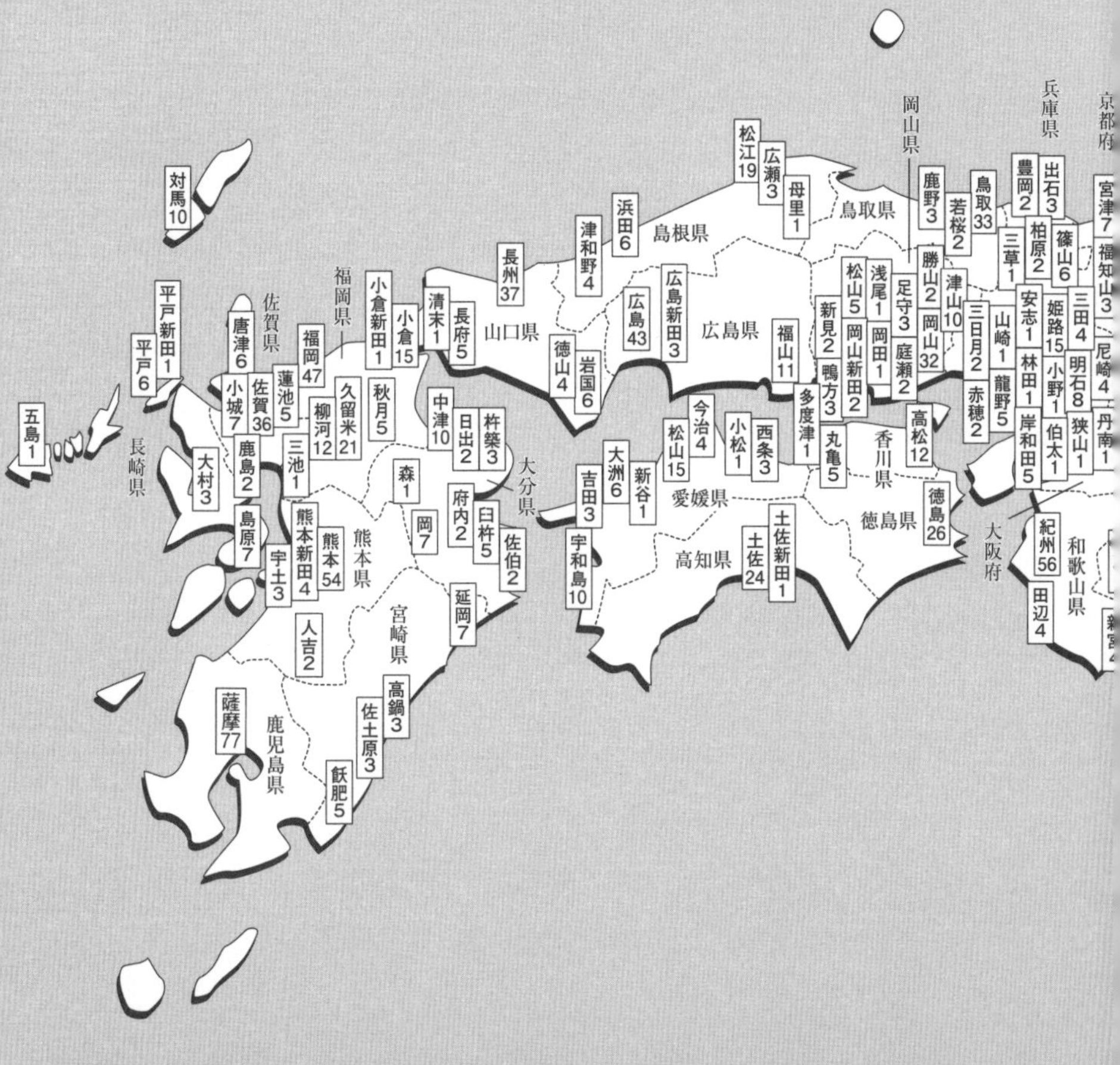
対馬10
五島1
平戸新田1
平戸6
長崎県
佐賀県
唐津6
小城7
佐賀36
蓮池5
鹿島2
大村3
島原7
福岡県
福岡47
柳河12
久留米21
三池1
小倉新田1
小倉15
秋月5
清末1
長府5
長州37
山口県
中津10
日出2
杵築3
大分県
森1
府内2
臼杵5
岡7
佐伯2
熊本新田4
熊本54
熊本県
宇土3
人吉2
宮崎県
延岡7
高鍋3
佐土原3
飫肥5
薩摩77
鹿児島県
津和野4
浜田6
島根県
松江19
広瀬3
母里1
鳥取県
徳山4
岩国6
広島43
広島新田3
広島県
福山11
岡山県
新見2
松山5
浅尾1
岡山新田2
岡田1
鴨方3
足守3
庭瀬2
勝山2
岡山32
津山10
鹿野3
若桜2
鳥取33
多度津1
丸亀5
高松12
香川県
徳島26
徳島県
今治4
松山15
小松1
西条3
愛媛県
大洲6
新谷1
吉田3
宇和島10
高知県
土佐24
土佐新田1
兵庫県
豊岡2
出石3
三草1
柏原2
篠山6
三日月2
山崎1
安志1
姫路15
三田4
龍野5
林田1
赤穂2
小野1
明石8
岸和田5
伯太1
狭山1
京都府
宮津7
福知山3
尼崎4
丹南1
大阪府
紀州56
和歌山県
田辺4

シリーズ藩物語

栗原佳……著

伊勢崎藩

現代書館

プロローグ

伊勢崎藩物語

伊勢崎藩は江戸幕府の成立当初から存在した。一般的には譜代二万石の小藩で、前橋藩主から後に姫路藩主となった酒井雅楽頭《うたのかみ》家から分岐した支藩というイメージが強い。だが、酒井忠寛《ただひろ》が伊勢崎藩主となる天和元年（一六八一）まで、伊勢崎藩は数奇な運命を辿った。

伊勢崎藩を最初に支配したのは、徳川家康の家臣稲垣氏である。稲垣氏は長茂《ながしげ》、重綱《しげつな》と二代にわたって伊勢崎を支配したが、その治世は僅か十六年という短いもので、支配領域は佐位《さい》郡（現・伊勢崎市東・南部）の領域のみであった。

その後雅楽頭家の酒井忠世《ただよ》が那波《なわ》藩（現・伊勢崎市西部）を支配し稲垣氏の旧領をも吸収した。忠世が前橋藩を相続すると那波藩は廃藩となり、伊勢崎の地は前橋藩領となった。その後酒井忠清の弟忠《ただ》能《よし》が伊勢崎の地を与えられて伊勢崎藩主となるが、支配二十五年にして信濃国小諸《こもろ》に領地替えとなり、そのため再び伊勢崎は前橋藩に吸収された。天和元年に忠寛が藩主となって以降は、その子孫が伊勢崎藩主となった。三度目の正直で酒井氏の安定した支配が確立し

藩という公国

江戸時代、日本には千に近い独立公国があった

江戸時代。徳川将軍家の下に、全国に三百諸侯《しょこう》★の大名家があった。ほかに寺領や社領、知行所《ちぎょうしょ》★をもつ旗本領《はたもとりょう》などを加えると数え切れないほどの独立公国があった。そのうち諸侯を何々家《け》家中《かちゅう》と称していた。家中は主君を中心に家臣が忠誠を誓い、強い連帯感で結びついていた。家臣の下には足軽《あしがる》層《そう》★がおり、全体の軍事力の維持と領民の統制をしていたのである。その家中を藩と後世の史家は呼んだ。

江戸時代に何々藩と公称することはまれで、明治以降の使用が多い。それは近代からみた江戸時代の大名の領域や支配機構を総称する歴史用語として使われた。その独立公国たる藩にはそれぞれ個性的な藩風《はんぷう》と自立した政治・経済・文化があった。幕藩体制とは歴史学者伊東多三郎《いとうたさぶろう》★氏の視点だが、まさに将軍家の諸侯の統制と各藩の地方分権が巧く組み合わされていた、連邦でもない奇妙な封建的国家体制であった。

今日に生き続ける藩意識

明治維新から百四十年以上経っているのに、今

たのである。

　小藩であったこの藩は財政問題が常にネックとなり、時代を経るにしたがってさらに悪化していった。こうした状況を打開するために藩校で朱子学《しゅしがく》の教育が始まり、家臣に浸透していった。十八世紀の後半には、藩政の重役に朱子学者が多く登用された。彼らは強い師弟関係で結ばれ、伊勢崎藩が浅間山《あさまやま》大噴火で大きな被害を受けた際には善政を行うことで難局を乗り切った。教育はやがて庶民にも広まって郷学《ごうがく》が造られ、伊勢崎は日本有数の教育藩となった。

　日光例幣使《にっこうれいへいし》道に沿った町の市では様々な商品が取引され、農村では蚕糸業が発展し、伊勢崎太織《ふとり》を生産するようになり、これが近代以降の絣《かすり》の町伊勢崎繁栄の基礎をつくった。蚕糸業が発展したことで、幕末開国後は伊勢崎の蚕種《さんしゅ》が欧米に輸出されるようになった。

　開国の影響で伊勢崎藩も幕末の緊迫した情勢に巻き込まれていく。横浜からの生糸輸出、天狗党《てんぐとう》の乱、戊辰《ぼしん》戦争といった幕末のキーワードは伊勢崎とも深い繋がりがある。戊辰戦争では宗家の意向に従いはじめ旧幕府軍についたが、後に新政府軍側について参戦した。

　このように伊勢崎藩には宗家にも劣らない特筆すべき出来事があった。こうした出来事に人々はどのように関わっていったのだろうか。


でも日本人に藩意識があるのはなぜだろうか。明治四年（一八七一）七月、明治新政府は廃藩置県《はいはんちけん》★を断行した。県を置いて、支配機構を変革し、今までの藩意識を改めようとしたのである。ところが、今でも、「あの人は薩摩藩の出身だ」とか、「我らは会津藩の出身だ」と言う。それは侍出身だけでなく、藩領出身も指しており、藩意識が県民意識をうわまわっているところさえある。むしろ、今でも藩対抗の意識が地方の歴史文化を動かしている。そう考えると、江戸時代に育まれた藩民意識が現代人にどのような影響を与え続けているのかを考える必要があるだろう。それは地方に住む人々の運命共同体としての藩の理性が今でも生きている証拠ではないかと思う。

　藩の理性は、藩風とか、藩是《はんぜ》とか、ひいては藩主の家風ともいうべき家訓などで表されていた。

〔稲川明雄（本シリーズ『長岡藩』筆者）〕

諸侯▼江戸時代の大名。
知行所▼江戸時代の旗本が知行として与えられた土地。
足軽層▼足軽・中間・小者など。
伊東多三郎▼近世藩政史研究家。東京大学史料編纂所所長を務めた。
廃藩置県▼藩体制を解体する明治政府の政治改革。廃藩により全国は三府三〇二県となった。同年末には統廃合により三府七二県となった。

シリーズ藩物語

伊勢崎藩

目次

現在の群馬県と旧国名略図

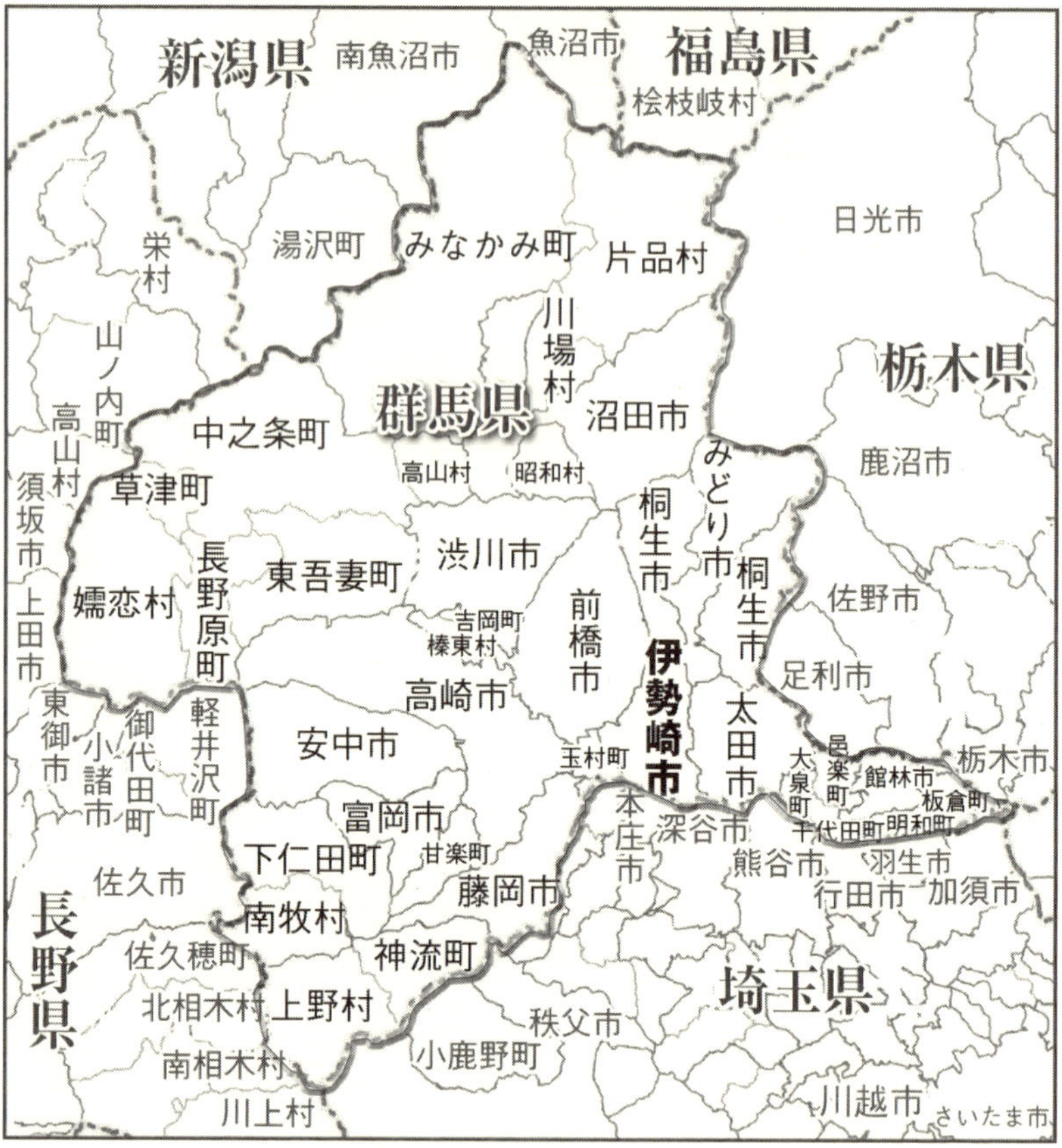

伊勢崎周辺鉄道路線略図

第一章 伊勢崎藩の成立

幕府の始まりからめまぐるしく入れ替わった伊勢崎藩の支配者。

1

酒井氏以前の時代

関ヶ原の戦いの功績を認められた稲垣長茂は、一万石の領主として伊勢崎に入った。稲垣氏の藩政は僅か十六年であったが、伊勢崎に稲垣氏時代の痕跡が二つ残っている。一つは稲垣氏歴代当主の墓、もう一つは同聚院の門である。

戦国時代の伊勢崎

慶長五年（一六〇〇）、徳川家康《とくがわいえやす》が関ヶ原の戦いに勝利した。現在の伊勢崎市に存在した伊勢崎藩は、関ヶ原の戦いで功績のあった家臣に対する論功行賞によって成立した。ただ、江戸時代初期においては現在の伊勢崎市内に伊勢崎藩のほかに那波《なわ》藩が存在していた。那波藩は伊勢崎藩と密接な関わりを持つが、伊勢崎市内に存在した二つの藩の成立事情と、そこから少し遡って「伊勢崎」という地名が誕生した戦国時代の状況にまず触れておきたい。永禄三年（一五六〇）八月、長尾景虎《ながおかげとら》（後の上杉謙信《うえすぎけんしん》）が関東管領《かんれい》★の上杉憲政《のりまさ》★を奉じて上野《こうずけ》国に攻め込んだ。当時の伊勢崎は北条氏康《うじやす》★の配下である那波氏が支配していたが、戦いに敗れた那波氏は上杉側についた由良《ゆら》氏に赤石《あかいし》城（現・群馬県伊勢崎市、後の伊勢崎陣屋）を奪

▼関東管領
室町幕府が設置した鎌倉府の長官である鎌倉公方を補佐する役職。

▼上杉憲政
大永三年（一五二三）—天正七年（一五七九）。享禄四年（一五三一）から永禄四年（一五六一）まで関東管領を務めた。

▼北条氏康
永正十二年（一五一五）—元亀二年（一五七一）。相模の戦国大名。

われた。由良氏★は赤石城を奪うことができたのは伊勢神宮に対する信仰のおかげだと信じ、この地を伊勢神宮に寄進して城内に皇大神宮《こうたいじんぐう》を建てた。このことから伊勢崎という地名が誕生した。

その後由良氏は上杉方から北条方に寝返り、現在の伊勢崎市に相当する地域は北条方が支配することになる。ところが天正十八年（一五九〇）に豊臣秀吉《とよとみひでよし》の小田原攻めによって北条氏が秀吉に屈服し、由良氏は常陸《ひたち》国牛久《うしく》（現・茨城県牛久市）に移ることになった。

北条氏を倒して天下統一を達成した秀吉は、関東の地を徳川家康に与え、上野国も家康の支配するところとなる。家康は一門の松平家乗《いえのり》★に一万石を与え、その拠点を那波城に置かせた。那波城は現在の伊勢崎市堀口町付近にあったとされる。松平家乗による支配は天正十八年から慶長六年までの約十年間であった。

伊勢崎の支配者が代わるきっかけとなったのは慶長五年の関ヶ原の戦いで、その翌年に論功行賞として酒井忠世《ただよ》★が五千石を加増されて川越《かわごえ》から那波城に移ってきた。こうして酒井氏が支配する那波藩が誕生した。

伊勢崎最初の殿様、稲垣氏

伊勢崎藩を最初に治めたのは稲垣長茂★である。稲垣氏は伊勢国に住んでいた重《しげ》

▼由良氏
新田義貞の孫である貞氏を祖とする。もともとは横瀬氏を称し、八代目の成繁から由良氏を称した。江戸時代には高家旗本となる。

▼松平家乗
天正三年（一五七五）―慶長十九年（一六一四）。大給松平家六代目当主。那波郡一万石を支配したが、関ヶ原の戦い後は美濃国岩村藩二万石に転封となった。

▼酒井忠世
元亀三年（一五七二）―寛永十三年（一六三六）。上野厩橋（前橋）藩主。老中や大老といった幕閣のトップを歴任した。

▼稲垣長茂
天文八年（一五三九）―慶長十七年（一六一二）。三河出身の武将。牧野成定に従って家康の御家人となる。慶長六年（一六〇一）に伏見城番となる。

泰《やす》を祖とし、応仁の乱後の文明年間（一四六九〜一四八七）以降は三河《みかわ》国牛久保《うしくぼ》に拠点を置いたとされている。その後は、今川氏の家臣であった牧野氏の家臣となる。長茂の父重宗《しげむね》は、今川義元《よしもと》の息子の氏真《うじざね》★の家臣牧野成定《なりさだ》★の下で数々の軍功を挙げる。

その後成定は氏真に五年間付き従うが、今川家の衰えを見て家康の家臣となった。この時成定に従った家臣五人の中に稲垣長茂《ながしげ》がいた。長茂は徳川家の御家人として家康に仕え、永禄九年には成定の死に伴い幼くして牧野家の家督を相続した康成《やすなり》★の後見人となった。

長茂は天正三年（一五七五）の遠江《とおとうみ》国諏訪原《すわはら》城の城代として八年近くも城を守備し、天正十年には駿河《するが》国の足高《あしたか》山麓天神川の古城を修補し北条氏を抑えるなどの功績を挙げた。そして小田原攻めで家康の長茂に対する信頼は決定的となる。

天正十八年の家康の関東入部に際して長茂は上野国の勢多郡・山田郡・下野国足利《あしかが》郡のうちの三千石を与えられた。ちなみに康成もこの時上野国勢多《せた》郡大胡《おおご》二万石を与えられている。関ヶ原の戦いの論功行賞は家康に御家人《ごけにん》として仕える長茂も例外ではなく、一万石の領主として伊勢崎の地に入った。稲垣氏時代の伊勢崎藩を第一次伊勢崎藩とする。

▼**今川氏真**
天文七年（一五三八）―慶長十九年（一六一四）。今川義元の後を継ぎ、今川家当主となる。後に家康の庇護を受けた。和歌・蹴鞠をよくした。

▼**牧野成定**
大永五年（一五二五）―永禄九年（一五六六）。三河牛久保城主。今川家の家臣であったが、後に家康に従った。

▼**牧野康成**
弘治元年（一五五五）―慶長十四年（一六〇九）。長篠の戦いなどの戦功が認められ、初代大胡藩主となる。

伊勢崎における稲垣氏

稲垣氏時代の第一次伊勢崎藩の領域は、旧伊勢崎市域と旧境町周辺であった。★長茂が伊勢崎で行った事業を三つ挙げると、一つに陣屋《じんや》の建設がある。陣屋とは藩の政務を行う重要な建物のことである。伊勢崎藩の場合、幕末まで立派な城郭が造営されることはなく一貫して陣屋が使われたが、その最初の建物が長茂によって建てられた。二つ目に伊勢崎の町割、いわゆる区画整理である。三つ目に慶長十一年（一六〇六）と同十五年の二回にわたる検地の実施である。ただ残念なことに稲垣氏の伊勢崎時代の史料はほとんど存在せず、これら三つの事業が確実に行われたかどうかは分からない。

長茂は慶長十七年に七十四歳で亡くなり、重綱《しげつな》★がその後を継いだ。重綱は慶長二十年の大坂夏の陣★に加わったことから一万石の加増を受け、翌年に越後《えちご》国藤井藩（現・新潟県柏崎市藤井）へ転封《てんぽう》★となった。そのため稲垣氏が伊勢崎を支配する時代は十六年で終わった。

伊勢崎での功績についてほとんど記録が残されていない稲垣氏であるが、重要な史跡を二つ残している。一つは同聚院《どうじゅいん》の東側入口の門である。稲垣氏は現在の同聚院付近に居住していたといわれ、現在残っているこの門はその時に造られた

▼旧伊勢崎市域と旧境町周辺
旧伊勢崎市と旧境町は合併して、平成十七年（二〇〇五）一月に現在の伊勢崎市となっている。

▼稲垣重綱
天正十一年（一五八三）—承応三年（一六五四）。二代目伊勢崎藩主。越後藤井藩に転封した後は、元和六年（一六二〇）に越後三条藩、慶安四年（一六五一）に三河刈谷藩に転封を繰り返す。この間、大坂城代も務めた。

▼大坂夏の陣
慶長二十年に江戸幕府と豊臣氏との間で戦われた。この戦いで豊臣氏が滅亡した。

▼転封
領地が移動すること。

同聚院の門

ものであるという。現在ではその前の道が武家門通りと呼ばれており、門の様子は容易に確認することができる。

伊勢崎に残る稲垣氏のもう一つの痕跡は天増寺《てんぞうじ》の墓地である。この寺には長茂以来稲垣氏の歴代の当主が埋葬され、これは稲垣氏が伊勢崎を離れても変わることはなかった。稲垣氏が伊勢崎藩主であったのは江戸時代の中でも十六年間というごく僅かな期間であったが、稲垣家にとって家康に与えられた上野国の領地は特別であったのかもしれない。歴代の稲垣氏の当主が伊勢崎市に埋葬されていることがそのことを示しているように思われる。墓にはいつでも参拝することができる。

ところで、伊勢崎藩を去った稲垣氏がどうなったのか簡単に触れておく。重綱は越後国藤井藩に転封して僅か四年後の元和六年（一六二〇）には越後国三条藩、さらに慶安四年（一六五一）には三河国刈谷《かりや》藩に転封となった。四代目の重富《しげとみ》★は元禄十五年（一七〇二）に上総《かずさ》国大多喜《おおたき》藩に移ったが、領地が狭すぎるという理由で二十一日後には下野国烏山《からすやま》藩に入る。次の昭賢《あきかた》★は享保十年（一七二五）に志《し》摩《ま》国鳥羽《とば》藩に移され、以後明治維新までここに落ち着いた。譜代大名ということもあって重綱は大坂城代《じょうだい》を務め、重富は綱吉政権において若年寄を務めた。

稲垣家の墓地

▼**稲垣重富**
延宝元年（一六七三）―宝永七年（一七一〇）。三河刈谷から上総大多喜、下野烏山藩と領地を転々とした。

▼**稲垣昭賢**
元禄十一年（一六九八）―宝暦二年（一七五二）。下野烏山から志摩鳥羽藩主となった。

② 前橋藩時代から酒井忠能時代

もともとは那波藩を治めていた酒井忠世は、稲垣氏が去った後に伊勢崎藩を継承するが、すぐに前橋藩主となって伊勢崎藩は前橋藩に吸収される。その後は、酒井忠清の弟忠能が一時的に伊勢崎藩を再興して支配するが、その期間も僅か二十五年であった。

酒井氏の起源と那波藩主酒井忠世

稲垣氏が去った後の伊勢崎藩一万石を継承したのは、那波藩の酒井忠世《ただよ》である。

ここで前橋藩と伊勢崎藩双方に深く関係する酒井氏のルーツを辿ってみよう。『寛《かん》政《せい》重《ちょう》修《しゅう》諸《しょ》家《か》譜《ふ》』によれば、酒井氏は松平親氏《ちかうじ》★の子広親《ひろちか》★を祖とするのだという。松平親氏は松平氏ならびに徳川氏の祖とされる人物であり、酒井氏と徳川氏は親戚ということになる。広親がいつの時代の人物かというと、明徳三年（一三九二）に亡くなっていることから南北朝時代から室町時代前期にかけての人物ということになる。ちょうど室町幕府の三代将軍足利義満《あしかがよしみつ》が大きな権力を握ろうとする頃である。なお「酒井」という氏は広親が三河国幡豆《はず》郡酒井村に住んでいたことに由来している。

▼松平親氏
?—明徳四年（一三九三）?。新田源氏世良田氏の末裔とされ、松平氏と徳川氏の祖とされる人物。

▼酒井広親
?—明徳三年（一三九二）。父は松平親氏、母は酒井与右衛門の娘。酒井氏の始祖。

酒井氏と松平（徳川）氏との関係は時代を経るごとに深まっていき、特に酒井正親《まさちか》★は徳川家康の祖父松平清康《きよやす》に家老として仕え、家康誕生の際には胞刀《ほうとう》の役というへその緒を切る重要な役目を負った。桶狭間《おけはざま》の戦いで今川氏から独立した家康は三河国西部を統一するため、永禄四年（一五六一）に今川方の吉良義昭《きらよしあき》★が治める東条《とうじょう》城を攻撃することになった。戦いに参加した功績を認められた正親は三河国の西尾《にしお》城を与えられたが、これは徳川に仕える昔からの家来が城を拝領した最初の例であるとされている。

正親の後を継いだのは重忠《しげただ》★で、彼は家康が本能寺《ほんのうじ》の変で窮地に陥った際に伊勢《いせ》国白子《しらこ》から船を出して家康を無事に帰国させるという功績を残している。これが伊賀《いが》越え★である。前に述べた松平家乗や稲垣長茂と同様に、重忠も家康の関東入部に伴って関東地方に領地を与えられた。彼はこの時相模国と武蔵国川越を合わせて一万石の領主となったが、慶長六年（一六〇一）に前橋に移ってきた。関ヶ原の功績によって重忠には前橋藩、息子の忠世には那波藩が与えられ、父子が上野国の中に並び立つような状態が生まれた。

酒井忠世画像写
（東京大学史料編纂所蔵）

▼酒井正親
永正十八年（一五二一）―天正四年（一五七六）。松平清康・広忠・徳川家康の三代に仕え、家康が人質になった際も行動を共にした。

▼吉良義昭
生没年不詳。今川氏に協力し、桶狭間の戦いの後は徳川氏に屈服する。赤穂事件で有名な高家の吉良上野介義央は末裔である。

▼酒井重忠
天文十八年（一五四九）―元和三年（一六一七）。三河西尾城主から武蔵川越城主を経て、前橋藩主酒井家初代となる。酒井忠世の父。

▼伊賀越え
天正十年（一五八二）に本能寺の変が発生したとき、家康は河内国（現・大阪府）に滞在していたが、僅か三四名の供を引き連れて伊賀を通り三河国の岡崎城に帰還した。これを伊賀越えという。

さて那波藩を支配していた忠世に話を移そう。忠世は牧野氏の大胡《おおご》二万石も受け継ぎ、もともとの領地も含めて五万二千石の大名となった。ところが元和三年（一六一七）に忠世の父重忠《しげただ》が亡くなると状況は一変する。前橋藩主であった重忠の地位を息子の忠世が継承することになったのである。このため伊勢崎藩と那波藩の領地は前橋藩に吸収された。

前橋藩領から酒井忠能の支配へ、そして再び前橋藩領

前橋藩主は忠世、忠行《ただゆき》★、忠清《ただきよ》★の順に継承されていったが、忠清は忠行から相続するにあたり二万二千五百石を僅か十歳の弟忠能《ただよし》★に分与した。これによって再び伊勢崎藩が成立する。寛永十四年（一六三七）のことである。この酒井忠能の治世においては、寛永十九年に伊勢崎藩領内で大規模な検地が行われたという記録が残っている。しかし、忠能時代もどのような政策が行われたかを知る手がかりはほとんどない。二十五年の支配の後、寛文二年（一六六二）に忠能は信濃の小《こ》諸《もろ》藩に転封となったため、またしても伊勢崎の地は前橋藩に吸収されることになった。

▼酒井忠行
慶長四年（一五九九）―寛永十三年（一六三六）。忠世の長男。上野板鼻藩主を経て、前橋藩主となる。老中も務めた。

▼酒井忠清
寛永元年（一六二四）―天和元年（一六八一）。忠行の長男。四代目上野前橋藩主。将軍家綱のとき大老に進み実権を握る。「下馬将軍」として有名。

▼酒井忠能
寛永五年（一六二八）―宝永二年（一七〇五）。忠清の弟。伊勢崎藩主、信濃小諸藩主の後は駿河田中藩主となるが、天和元年（一六八一）に領地を没収される。後に許されて五千石の旗本となった。奏者番も勤めた。

暴君酒井忠能

忠能は伊勢崎藩主と併行して幕府において重要な職務を担っていた。まず、寛永十八年（一六四一）に四代将軍家綱が生まれた際にはその儀式にも参加し、その二年後には家綱のいる江戸城三の丸★の奏者番《そうじゃばん》となる。慶安四年（一六五一）に家綱が将軍になると、それに従う形で本丸の奏者番となる。奏者番は将軍から大名などへ下賜する品を伝達し時には将軍の使者となる役割であるから、彼は十代から二十代の間に将軍の側近として重要な役割を担ったことになる。

寛文二年（一六六二）に忠能が小諸藩主三万石となって伊勢崎を去ったのは一種の栄転であった。忠能は新天地小諸でも検地を実施し年貢を増徴した。それだけでなく、彼は家の窓や家畜にまで税を課し、未納の場合は家財道具や農具を百姓から没収した。これは延宝六年（一六七八）に百姓の一揆を伴う芦田騒動に発展したが、忠能は咎められないばかりか、一万石加増のうえで駿河国田中藩（現・静岡県藤枝市）へ転封となる。これは兄の忠清が大老の職にあったからだろう。

だが、忠能の権勢も長くは続かなかった。延宝八年に家綱が、天和元年（一六八一）には忠清が相次いで亡くなると、新しい将軍綱吉は、忠清がすでに裁定を下していた越後騒動★の審議をやり直し、忠清の後継の前橋藩主忠挙《ただたか》★に逼塞《ひっそく》★を命じ

▼三の丸
ここでは三の丸御殿を指す。当時は将軍の後継ぎとなった家綱の御殿であった。江戸城三の丸は東側に位置し、大名らが登城する際に使用する大手門もあった。

▼越後騒動
越前松平家が支配した越後高田藩で起こったお家騒動。延宝二年（一六七四）に藩主の嫡男が早世したことが発端。延宝七年に忠清の裁定で一度収束するが、再び再燃したため、最終的には五代将軍綱吉による親裁が行われた。

▼酒井忠挙
慶安元年（一六四八）―享保五年（一七二〇）。五代目前橋藩主。藩校好古堂を創設し、奏者番や寺社奉行も務めた。

▼逼塞
武士または僧侶に科せられた刑罰で、門を閉ざして日中の出入りを禁止した。三十日と五十日の二種類があり、閉門よりは軽い。

▼旗本寄合
旗本の家格で、三千石以上の上級旗本のうち役職に就いていない者などを言う。若年寄支配であった。

る。忠能も江戸で逼塞するよう命じられたが、田中城に居座り続けた。そのため、過去の圧政も咎められた忠能はとうとう領地を没収されてしまった。忠能の権勢は将軍家綱と兄忠清に支えられたものだったのだ。

元禄三年（一六九〇）に許されて五千石の領地を与えられたが、旗本寄合《よりあい》★にとどまった忠能は宝永二年（一七〇五）に生涯を閉じた。

稲垣氏系図

重宗《しげむね》
——長茂《ながしげ》 伊勢崎藩 初代藩主
——重綱《しげつな》 伊勢崎藩 第二代藩主 越後藤井藩↓ 越後三条藩↓ 三河刈谷藩へ転封
——重昭《しげあき》
——重富《しげとみ》 上総大多喜藩↓ 下野鳥山藩へ転封
——昭賢《あきかた》 志摩鳥羽藩へ転封 ……

稲垣家家紋
（稲垣茗荷）

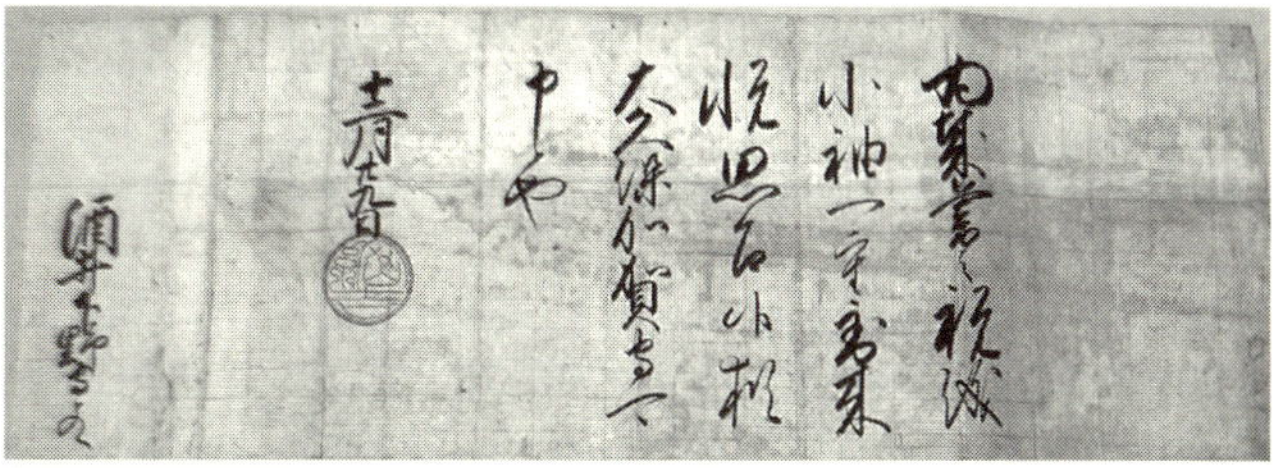

「徳川綱吉黒印状」
（群馬県立歴史博物館蔵）

③ 酒井氏の時代——三度目の正直、伊勢崎藩の誕生

天和元年（一六八一）に酒井忠寛が伊勢崎藩主となり、ようやく幕末まで続く伊勢崎藩が成立する。しかし、前橋藩の支藩として二万石で成立した伊勢崎藩はすぐに財政の悪化に苦しみ、後に数々の災害に悩まされることになる。それらを逞しく乗り切った名君もいた。

歴代の藩主たち

寛文二年（一六六二）に忠能が小諸藩に移り伊勢崎に藩主がいなくなったため、再び伊勢崎が前橋藩に吸収された。このとき、前橋藩主であったのは「下馬将軍★」として名高い忠清であった。当時忠清は老中であったが、後に寛文六年には大老に就任し、殉死禁止の実現や伊達騒動★、越後騒動の裁定等を行うなど権力を振るった。忠清は天和元年（一六八一）に隠居し、息子の忠挙《ただたか》が前橋藩主となった。このとき忠挙が弟忠寛《ただひろ》に伊勢崎の地

大手町にある酒井家屋敷跡の碑

▼下馬将軍
酒井忠清は江戸城大手門付近に屋敷を与えられたが、その屋敷が馬を降りて徒歩で登城をしなければならないことを示す下馬札の前にあったことからついた異称。さらに、大老として将軍にも劣らない権勢を誇っていたため、「下馬将軍」と呼ばれた。

▼伊達騒動
仙台藩伊達家で起こったお家騒動。一般的には寛文十一年（一六七一）に原田甲斐が伊達安芸を酒井忠清邸で斬殺した事件で有名である。

二万石を分与し、新たな藩が成立した。こうして江戸時代の終焉まで酒井氏が支配する伊勢崎藩が誕生したのである。それでは、伊勢崎藩にはどんな「殿様」がいて、どんな政治をしていたのだろうか。まずは歴代の藩主とそれぞれの事績を追っていきたい。

初代　忠寛《ただひろ》―下馬将軍の息子、伊勢崎藩を開く―

生没年　寛文六年（一六六六）―元禄十六年（一七〇三）

天和元年（一六八一）に第二次伊勢崎藩の初代藩主となった忠寛は忠清の三男で、数えで十五歳の時に藩主となった。忠寛はまず財政支出の削減に取り組んだ。藩成立時に四五七人いた家臣を三七〇人に削減するリストラを行い、人件費の支出を抑えた。また、元禄期（一六八八～一七〇四）には藩の全域で検地を実施し、実際に耕作されている土地と屋敷地を把握。このように忠寛は、藩政の基礎づくりを行った。

忠寛は元禄十六年（一七〇三）に亡くなるまで藩主の地位にあった。墓は前橋の龍海院《りゅうかいいん》にあり、父や兄の近くで眠っている。忠寛には男子が生まれなかったため、遠江国横須賀《よこすか》藩（現・静岡県掛川市）主西尾忠成《ただなり》★の五男忠告《ただつぐ》を養子に迎えて二代目の藩主を相続させた。

酒井忠寛の墓

横須賀城

▼西尾忠成
承応二年（一六五三）―正徳三年（一七一三）。駿河田中藩第二代藩主、信濃小諸藩主、さらに遠江横須賀藩初代藩主。

二代　忠告《ただつぐ》―水不足や財政窮乏と闘った殿様―

生没年　元禄二年（一六八九）―明和四年（一七六七）

宝永元年（一七〇四）に二代目藩主となった忠告は宝暦十三年（一七六三）まで五十九年もの長きにわたりその地位にあった。彼の行った政策の中で以後の藩主に受け継がれたものとして「家下引《いえしたひき》」がある。これは一定の面積の屋敷の年貢を一律免除するというものである。この政策は財政事情の悪化で寛延二年（一七四九）に一度廃止となったものの、以後も藩主の代替わりごとに約三年と期限を設けて実施されている。

彼の治世で特筆すべきものは、八坂《やさか》用水の開削であろう。水不足を補うために小畠武尭《おばたけたけたか》★に命じて宝永二年から工事が始まり、翌年には完成した。これにより伊勢崎町をはじめ、太田、宮下《みやのした》、安堀《あんぼり》、波志江《はしえ》、八坂、下植木、茂呂《もろ》、今泉といった広範な村々に農業用水が行き渡ることになった。

忠告の時代は積極的な政策が推し進められたが、その一方で財政の窮迫が浮き彫りになっていった。寛保二年（一七四二）には利根川の大洪水で那波地区の収穫が皆無となり、宝暦七年（一七五七）には雪解け水と雨によって利根川が氾濫して麦作が全滅した。農作物の収穫が減少することは、藩収入の減少を意味する。そのため宝暦四年には農業出精と、百姓の商売禁止や百姓の観光の禁止を盛り込んだ触れを村々に出した。だが、この時から始まった財政の窮迫がその後も伊勢

▼**小畠武尭**
?―享保十八年（一七三三）。伊勢崎藩士、治水家。宝永二年（一七〇五）から郡奉行として八坂用水開削の指揮を執る。

八坂用水の現状

崎藩を苦しめることになった。

忠告はまた、宝暦元年から八年間奏者番に就いている。

忠告は宝暦十三年に藩主を退き、江戸の本所下屋敷《ほんじょ》に移り明和四年（一七六七）に亡くなった。治世五十九年は歴代藩主の中で最長である。墓は東京都葛飾区の崇福寺にある。

三代　忠温《ただはる》―学問を興し、未曾有の災害に対処した伊勢崎一の名君―

生没年　元文二年（一七三七）―寛政十三年（一八〇一）

忠温は姫路藩主酒井忠恭《ただずみ》★の四男で、忠告の養子となり宝暦十三年（一七六三）に藩主となった。父の時代からの藩財政の悪化がさらに深刻となり、借金を余儀なくされるようになったことから、安永年間（一七七二〜一七八一）に御用達《ごようたし》制度を設けた。これは民間の有力な富豪を武士の身分格とし、藩の財政運営を担ってもらうというものである。以後この制度は伊勢崎藩の廃止まで続く。

藩財政の逼迫によって領内の風紀も乱れた。そこで忠温は領内の風潮を教育の振興によって立て直そうとし、安永三年（一七七四）に藩校学習堂を創設した。学習堂には江戸から小松原《こまつばら》醇斎《じゅんさい》★が師として招かれた。この人物は岡田寒泉《かんせん》★とともに村士《むらじ》玉水《ぎょくすい》★の弟子であった。江戸から優れた学者を招いて藩校を創設し、その後伊勢崎藩が有数の教育藩となる礎を築いた。

▼酒井忠恭
宝永七年（一七一〇）―安永元年（一七七二）。九代目前橋藩主。寛延二年（一七四九）に姫路藩へ転封となる。大坂城代や老中首座を務める。

▼小松原醇斎
生没年不詳。江戸の幕臣を父に持つ儒者。伊勢崎藩に招かれて学習堂の教授となる。名は充義、通称は剛治。

▼岡田寒泉
元文五年（一七四〇）―文化十三年（一八一六）。寛政元年（一七八九）に幕府の儒官となる。寛政の三博士に加えられることもある。

▼村士玉水
享保十四年（一七二九）―安永五年（一七七六）。父は儒者である淡斎。江戸に私塾を開き、その下で多くの伊勢崎藩に関わる人物が学んだ。

天明三年（一七八三）、忠温にとって大きな難題が降りかかった。浅間山の大噴火である。これについては後の章で詳しく触れるが、噴火に続く飢饉の影響で藩財政は決定的な打撃を被ることになった。だが藩のナンバーツーである年寄《としより》の関当義《まさよし》が迅速な対応をとったおかげで、民衆への救済がよく行き届き、百姓一揆はまったく発生しなかった。周辺の藩の中では珍しいことだった。

忠温は天明七年に藩主の座を退き、牛眠宗魯《ぎゅうみんそうろ》と号してからは茶道を嗜む余生を送った。茶道は石州《せきしゅう》流の岡田道竹《どうちく》の門下に入った。このことが伊勢崎で石州流が盛んになるきっかけとなったと考えられる。享和元年（一八〇一）に死去。藩主としての在任期間は二十五年で、その間に未曾有の災害を乗り越え、藩内の教育振興をはかった功績は大きい。東京都葛飾区の崇福寺に墓がある。

四代　忠哲《ただあきら》―浅間山噴火の後遺症に苦しむ―

生没年　明和五年（一七六八）―文政二年（一八一九）

忠哲は天明七年（一七八七）に十八歳で藩主となった。天明三年の浅間山大噴火は幕府への献上物にも影響をおよぼした。幕府へ献上していた鮎の漁獲量が噴火によって激減したため、就任の翌年天明八年に小豆を献上することを願い出て許可された。

享和三年には間引き禁止を命じるとともに、極貧で子どもの養育が困難な者に

崇福寺酒井家墓地

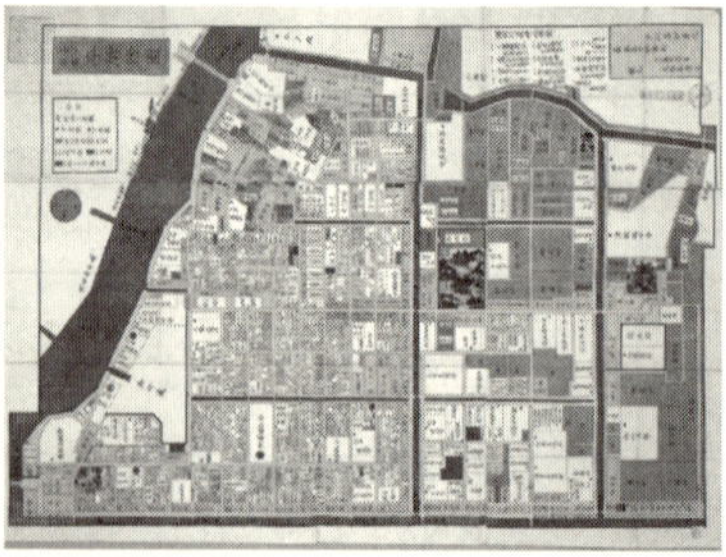

本所の切絵図
（国立国会図書館蔵）

子どもの誕生から三年間大麦三俵を与えることを決めた。

忠哲は文化二年（一八〇五）に隠居し、本所下屋敷で余生を送った。文政二年（一八一九）に死去、墓は東京都葛飾区の崇福寺にある。

五代　忠寧《ただよし》―有数の「教育藩」伊勢崎の礎を築く―

生没年　寛政元年（一七八九）―文化十四年（一八一七）

忠寧は前藩主忠哲の長男で、文化二年（一八〇五）に五代目の藩主となった。

忠寧の治世で特筆すべきものは、米払会所《こめばらいかいしょ》の設立と郷学《ごうがく》の取り立てである。

米払会所は文化七年に御用達の商人村田利兵衛《りへえ》の提案で創設されたもので、藩財政の立て直しと円滑な財政運営を目指した。簡単に言えば藩の銀行のようなもので、藩が拠出した米札《こめふだ》と積金《つみきん》、御用達が拠出した積金を資金として運営が行われた。藩の資金調達の場であるだけでなく、時には御用達や村方にも資金が貸し付けられた。この時期、財政の悪化のため藩は様々な御用達からの借財に頼っていた。特に臨時の資金調達については御用達から借金をせざるを得なかったのだが、米払会所の設立で資金調達だけでなく藩財政の運営でも御用達が不可欠の存在となったのである。これによって御用達の発言力がさらに増すことになった。

忠寧の治世は、先々代の忠温の時代に始まった教育振興政策が庶民にも広まった時代であった。そのきっかけは享和三年（一八〇三）に宮崎有成《ゆうせい》★ら伊与久《いよく》村の

▼宮崎有成
安永三年（一七七四）―天保十四年（一八四三）。伊与久村の儒者。有志とともに伊勢崎で最初の郷学五惇堂を創設し、教授となった。

有志によって設立された私塾に、文化五年に五惇堂《ごじゅんどう》という名前を下賜したことであった。伊勢崎藩に庶民向けの郷学が誕生した瞬間である。それ以後忠寧の時代だけで藩内に七校もの郷学が創設された。これほどまでに郷学が相次いで誕生したのは、郷学敷地内の年貢の免除や優秀な教師の派遣など藩が積極的に郷学の設立を後押ししていたからである。

「教育藩」伊勢崎藩を築いた忠寧であったが、治世は十三年と意外に短いものであった。文化十四年に藩主の座に就いたまま二十九歳の若さでその生涯を終えた。墓は東京都葛飾区の崇福寺にある。

六代　忠良《ただかた》―天候不順、治安悪化……若い藩主の苦悩―

生没年　文化五年（一八〇八）―天保五年（一八三四）

文化十四年（一八一七）、前藩主忠寧の早世によって長男の忠良が僅か十歳で藩主となる。だがその治世には若い藩主を悩ませたであろう多くの気象災害が起きた。

まず文政三年（一八二〇）には長雨の影響で麦作の不順、満水による田植え準備不能という事態となった。翌年は逆に旱魃《かんばつ》が発生し、陣屋では雨乞いが行われるほどであった。文政六年にも旱魃が起こり藩内を苦しめた。

相次ぐ天候不順によって農業ができなくなると、農村の荒廃や不斗出《ふとで》★の増加が

▼不斗出
人別送り証文などの正式な手続きを踏まず、村から行方をくらますこと。風斗出。

深刻となるとともに治安も悪化していった。こうした状況は関東の農村も同様であった。江戸時代には一つの地域に例えば幕府領・旗本領・藩領が入り組んでいる場所も多く、犯罪者が他領へ逃れてしまうとその追跡は極めて困難になった。そこで幕府は関東全域に領地の枠を超えた一種の自警組織である寄場組合の設立を命じ、伊勢崎藩領内でも文政十一年に七四カ村で寄場組合が結成され、伊勢崎藩内の町や村はすべて伊勢崎町寄場組合に含まれていた。

天保二年（一八三一）に病気を理由に藩主を退いた忠良は一度江戸の浜町《はまちょう》下屋敷で隠居するが、天保五年に伊勢崎へ移り二十七歳で世を去った。墓は酒井宗家の墓所である前橋の龍海院にある。

龍海院

七代　忠恒《ただつね》―庶民とのつながりを大切にした殿様―

生没年　文化八年（一八一一）―慶応四年（一八六八）

忠恒は五代藩主忠寧の二男で、六代藩主忠良の弟にあたる。もともと兄が病弱であったことから、天保二年（一八三一）に忠良の養子となったが、同年に忠良が隠居したため七代藩主となる。彼が藩主となった直後の天保四年から全国的に天保の大飢饉が発生し、その被害は伊勢崎でも深刻であった。この年には飢饉の影響で赤城山の下に広がる

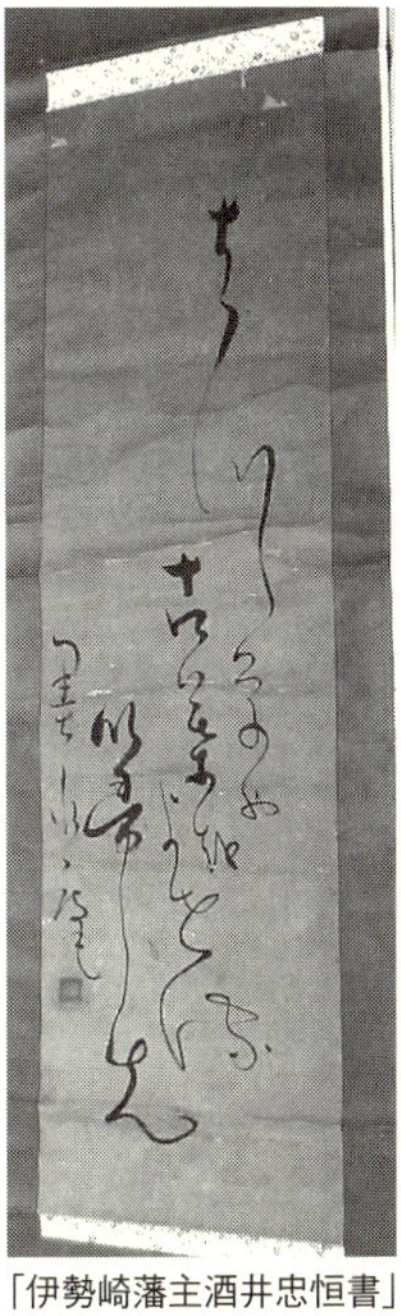
「伊勢崎藩主酒井忠恒書」
（群馬県立歴史博物館蔵）

一八〇カ村の暴徒が伊勢崎や境（現・伊勢崎市境付近）方面を打ち壊そうという騒ぎが起こった。藩は暴徒の蜂起に備え、藩内の困窮民に対して藩の所有する麦を市価の一五パーセント引きで分け与えた。また、八人の有力な米屋に対して三〇〇俵の白米を一升一〇〇文で困窮民に分け与えるように指示した。

天保五年には農業振興のため勧農方《かんのうかた》という役職を設けた。この時期に忠恒は自ら百姓を思いやる歌を残しており、庶民の困窮には心を痛めていたようである。こうした政策が幕府の耳にも届き、天保七年には幕府から困窮民に対する処置が行き届いているとして褒状を送られている。

天保の大飢饉への対処はある程度成功したものの、藩財政の悪化はさらに深刻となった。特に忠恒の家督相続の祝儀の費用は御用達に拠出してもらうほどであった。さらに天保五年には江戸の浜町《はまちょう》下屋敷、巣鴨《すがも》中屋敷が焼失し、天保七年には城下町で起こった火事が陣屋内の学習堂などに類焼する事件があった。これらの建物の再建でさらに借金を重ねざるを得ない状況に追い込まれたのだ。

こうした状況を受けて天保十年、藩は借財の整理を断行した。まず、江戸の増上寺《ぞうじょうじ》★と寛永寺《かんえいじ》★の祠堂金《しどうきん》★を宗家の姫路酒井家に肩代わりしてもらうことにした。また、米払会所の仕法替えを行い、会所の積金を七年間藩の借金返済に充てることにした。だが借財整理の八年後の弘化四年（一八四七）には逆に借金が倍増する結果となり、借財の整理は完全な失敗に終わってしまった。

寛永寺根本中堂

▼**増上寺**
東京都港区にある浄土宗寺院。江戸幕府の将軍のうち、秀忠・家宣・家継・家重・家慶・家茂が葬られている。

▼**寛永寺**
東京都台東区にある天台宗寺院。天海の開山。寛永寺の門主は日光山輪王寺の門主も兼ね、代々皇族出身の門跡が任じられることになっていた。慶応四年（一八六八）の彰義隊の戦いで壊滅的被害を受ける。

▼**祠堂金**
先祖の供養料として祠堂の修復を名目にして寺に寄進されたお金。寺院の経営のための重要な資金となった。

忠恒は藩主就任から二十一年経った嘉永四年（一八五一）、病気を理由に隠居した。ただしこの理由は表向きであったようで、隠居後には江戸市中のいかがわしい場所に軽々しい服装で外出しているという苦情が姫路藩主酒井忠宝《ただとみ》★の家臣から伊勢崎藩の江戸屋敷へ届いている。その苦情には隠居時に行動を慎むよう進言したにもかかわらず、まったくその様子が見られないとの文言も書かれているため、品行不良などが原因で藩主を退くことになったのかもしれない。

だが隠居後の行動は悪いことばかりではなく、忠恒は隠居後に茶道や俳諧、書を嗜み、一時期伊勢崎で過ごしたこともある。文芸を通した民衆との交流は藩主の中で最も活発であった。慶応元年（一八六五）には茶道に関する『煎茶図式《せんちゃずしき》』という書物を今村了庵《りょうあん》の序・跋《ばつ》を付けて版行した。

大政奉還の翌年の慶応四年に死去。墓は東京都葛飾区の崇福寺にある。

八代　忠強《ただつよ》―激動の幕末に決断を迫られた殿様―

生没年　天保六年（一八三五）―明治十八年（一八八五）

忠強が藩主であった期間は嘉永四年から慶応四年（一八六八）までの十八年間である。黒船来航が嘉永六年（一八五三）、旧幕府軍と新政府軍の戦争である戊辰戦争の勃発が慶応四年だから、伊勢崎藩では幕末がちょうど忠強の治世と重なるということになる。

▼酒井忠宝
文政十二年（一八二九）―嘉永六年（一八五三）。姫路藩主酒井家六代目。ペリー来航の際は江戸湾の警備を担った。

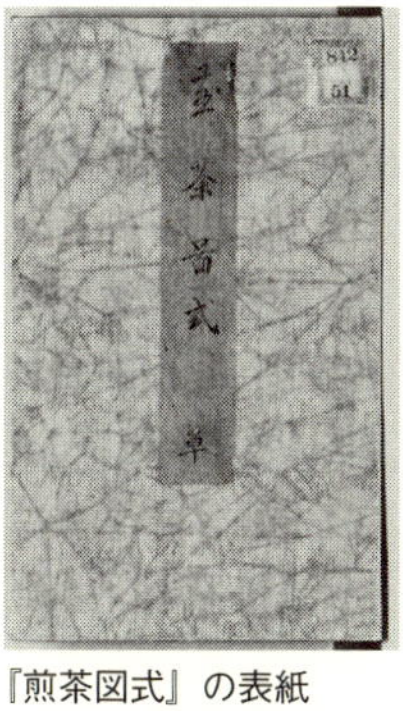
『煎茶図式』の表紙
（国立国会図書館蔵）

文久元年（一八六一）に和宮《かずのみや》★が十四代将軍家茂《いえもち》★に嫁ぐこととなり、京都から江戸へ下向した際に、忠強は中山道の信濃国沓掛《くつかけ》宿から上野国坂本宿の間を警備した。文久三年には生麦事件《なまむぎじけん》★の影響でイギリスとの戦争が懸念されるなか、伊勢崎藩は幕府から江戸市中警備を命じられる。この命令が幕府から発せられたのは三月十一日、その知らせを届ける飛脚が伊勢崎に到着したのは十三日の深夜であったが、早くも忠強は十六日に江戸へ出府している。忠強は増上寺の警備を命じられ、五月四日から元治元年（一八六四）六月二日まで丸一年警備を行っている。

文久三年から元治元年にかけては尊王攘夷《そんのうじょうい》運動が全国的に過激になった時代であった。文久三年十二月には武蔵国榛沢《はんざわ》郡（現・埼玉県深谷市付近）の儒学者桃井可堂《もものいかどう》★が新田義貞《にったよしさだ》★の子孫を擁して赤城山《あかぎさん》で挙兵し、横浜の居留地を襲撃することを企てた。この事件は計画が露顕して未遂に終わったが、伊勢崎藩は幕府の命で赤城山の探索を行っている。

また、元治元年三月に水戸の天狗党《てんぐとう》が筑波山《つくばさん》で挙兵。天狗党は進軍の上で幕府に横浜鎖港を要求することを目指していたため、常陸国と下野国《しもつけ》の諸藩に出兵が命じられた。伊勢崎藩も世良田《せらだ》東照宮（現・群馬県太田市世良田町）を警備するとともに、旗本領の連取《つなとり》村（現・伊勢崎市連取町）の農兵を動員して境町を警備した。この間忠強は陣頭指揮のために元治二年まで伊勢崎に戻った。

財政面では安政四年（一八五七）になって二宮尊徳《そんとく》★の報徳仕法《ほうとくしほう》★を導入すること

▼和宮
弘化三年（一八四六）―明治十年（一八七七）。孝明天皇の妹で親子内親王という。公武合体政策の一環で十四代将軍家茂に降嫁。

▼徳川家茂
弘化三年（一八四六）―慶応二年（一八六六）。江戸幕府十四代将軍。開国後の難局にあたり苦心した。家光以来の上洛を行い、孝明天皇に謁見。第二次長州征討の指揮中に大坂で死去。

▼生麦事件
文久二年（一八六二）に現在の神奈川県横浜市鶴見区生麦付近で発生した事件。薩摩藩主の父島津久光の行列を横切ったイギリス人を供回りの藩士が殺傷した。事件の処理のもつれから翌年に薩英戦争が勃発した。

▼桃井可堂
享和三年（一八〇三）―元治元年（一八六四）。武蔵国榛沢郡出身の儒者・志士。渋沢栄一の祖父の弟に師事して儒学を学び、後に備前庭瀬藩の儒臣となる。水戸藩の藤田東湖との交流で尊王攘夷思想に傾倒し、武州中瀬村に私塾を開いて尊攘派志士を育成した。

を検討し、藩の財政面を担当する役職の元締《もとじめ》と御用達が二宮尊徳の高弟を訪ねている。だが報徳仕法が直接導入されることはなく、安政五年に設立された勧農役所《かんのうやくしょ》が百姓の督励や凶作準備米の管理等を行うことで財政を再建する政策が行われた。

だがこの勧農役所は小前百姓に献金を命じたので彼らの不満は大きかった。小前百姓たちは調達講《こう》や五十人講のほかに、安政二年に起きた安政江戸地震のための冥加金《みょうがきん》をすでに上納していたからである。伊勢崎藩の村の中で下植木村（現・伊勢崎市下植木町）は不満を爆発させ、村民は一斉に下野国足利《あしかが》（現・栃木県足利市）の鑁阿寺《ばんなじ》に逃散した。この後江戸に出て訴えることを計画していたが、彼らは村役人の説得によってすぐに帰村。これを受けて村役人も藩と交渉し、藩も勧農役所の運営は不可能と判断した。このため設立から僅か一年後の安政六年に廃止となったのである。

慶応四年に戊辰戦争が勃発し、伊勢崎藩も佐幕か勤王かを選択しなければならない事態となるが、当初は明確な意思表示を避けた。宗家姫路藩は前藩主の酒井忠績《ただしげ》★と当時の藩主の忠惇《ただとし》★が老中を経験していたこともあり、当然佐幕の意思を表明していた。そのため伊勢崎藩も暗黙のうちに宗家と行動を共にすることになった。だが新政府軍の優勢が明らかとなったため、慶応四年二月に忠強は藩主の交

小田原にある二宮金次郎の銅像

▼新田義貞
?〜建武五年（一三三八）。鎌倉時代後期から南北朝時代にかけての武将で、元弘三／正慶二年（一三三三）に鎌倉幕府を滅亡させる。南北朝の動乱では後醍醐天皇の南朝方につき、最後は延元三／建武五年（一三三八）に越前国藤島で北朝方の斯波高経と戦い、戦死した。

▼二宮尊徳
天明七年（一七八七）—安政三年（一八五六）。小田原藩家老桜井家や陸奥中村藩などの再建に尽力し、後に日光領の復興にあたった。二宮金次郎ともいう。

▼報徳仕法
二宮尊徳が主導した財政再建策。「分」に応じた生活を送り、生産の余剰分を拡大再生産に充てることを重視した。

▼酒井忠績
文政十年（一八二七）—明治二十八年（一八九五）。姫路藩酒井家八代目。老中、大老を務め難局にあたった。

▼酒井忠惇
天保十年（一八三九）—明治四十年（一九〇七）。姫路藩酒井家九代目。老中を務める。鳥羽・伏見の戦いに敗れ、蟄居となる。明治になり男爵を授けられた。

代を願い出て恭順を表明した。これを受けて閏《うるう》四月には沼田《ぬまた》藩の援兵として伊勢崎藩兵約八六人が越後国六日町まで出兵している。

六月に新政府から隠居を許された忠強は弟の忠彰に家督を譲った。明治四年(一八七一)二月には廃藩置県を前に東京へ移住した。幕末から明治にかけての激動の時代を生きた忠強は明治十八年に五十一歳で世を去った。墓は東京都葛飾区の崇福寺にある。

九代　忠彰《ただあきら》―伊勢崎藩の幕引役―

生没年　嘉永五年(一八五二)―明治二十九年(一八九六)

伊勢崎藩最後の藩主忠彰は慶応四年(一八六八)に十七歳で藩主となった。明治二年(一八六九)三月には版籍奉還を願い出て伊勢崎藩知事となる。翌年には伊勢崎藩士族が今後伊勢崎に在住することを新政府に願い出て許された。また、この時期東京市中の警備も担った。

明治四年七月十四日、全国の藩知事に廃藩置県の詔書が読み聞かされ、藩の廃止と藩知事の免官が申し渡された。この瞬間をもって伊勢崎藩の歴史は幕が下ろされた。ただし、事務の引き継ぎ作業が残っていた関係で、忠彰の下にいた大参《だいさん》事《じ》がしばらく事務を司ることになった。この日を境に伊勢崎藩は伊勢崎県となり、九月には藩兵の解職が行われ、十月二十八日に伊勢崎県は群馬県の成立によって

▼義倉
災害や飢饉に備えて庶民から集めた穀物を保存した倉庫。江戸時代には各地につくられた。忠彰は東京府が義倉を接収することを提案したと考えられる。

伊勢崎招魂碑

廃止された。この後も元《もと》伊勢崎《いせさき》県という名前で事務の引き継ぎ作業が行われたが、明治五年二月に事務引き継ぎが完了。こうして天和元年から百九十年間酒井氏が支配した伊勢崎藩は名実ともにその役目を終えたのである。

　忠彰は忠強とともに東京に移住し、明治四年に左院の少議生《しょうぎせい》という新政府の役人となった。東京府に義倉《ぎそう》★を取り立てることを提言したものの、僅か一カ月で罷免された。明治十七年の華族令によって忠彰は子爵となった。明治二十三年には貴族院の子爵議員となり、貴族院の会派研究会に所属した。明治二十九年七月に最後の伊勢崎藩主はこの世を去った。

　ところで、この忠彰が藩主も知藩事も解任された後に伊勢崎に残した事蹟を一つ紹介したい。伊勢崎市の華蔵寺《けぞうじ》公園の一角に伊勢崎招魂碑《しょうこんひ》がある。これは明治十年に起こった西南戦争に政府軍側に志願して従軍し戦死した伊勢崎の出身者に関わる碑である。伊勢崎から出征した志願者のうち九名が戦死あるいは負傷しているが、忠彰は彼らを慰霊するとともに後世にその忠義を伝えようと考えた。この時忠彰は伊勢崎を離れて久しかった。

　忠彰はすぐに県令楫取素彦《かとりもとひこ》★に招魂碑の建立を請願し、楫取はそれを認めるともに碑の撰文を行って協力した。楫取の撰文を現在の伊勢崎市境島村出身の書家で後に元老院議官などに任じられた金井之恭《ゆきやす》★が書いた。「伊勢崎招魂碑」の篆額は後の元帥陸軍大将大山巌《いわお》★によるものである。こうした錚々たる人々が協力し

▼楫取素彦
文政十二年（一八二九）―大正元年（一九一二）。長州藩出身で、明治九年に初代群馬県令となった。宮中顧問官などを歴任し、明治天皇の皇女多喜子内親王の養育も命じられた。

▼金井之恭
天保四年（一八三三）―明治四十年（一九〇七）。現在の伊勢崎市境島村出身の書家、官僚。画家で勤王家の烏洲を父に持ち、明治政府では元老院議官になる。貴族院勅選議員でもあった。各地の碑文で彼の筆跡を見ることができる。

大山巌
（国立国会図書館蔵）

▼大山巌
天保十三年（一八四二）―大正五年（一九一六）。薩摩藩出身の陸軍軍人。西郷隆盛の従兄弟で、日清・日露戦争の時期に陸軍の主導的役割を果たした。元帥陸軍大将公爵。

た招魂碑は、曲輪《くるわ》町の招魂社に建立された。つまり、忠彰は戦死した者たちの忠義を讃えるための碑をかつての伊勢崎陣屋の敷地内に設けたのである。忠彰の熱意がどれだけのものであったかが思い知れる。

その後招魂碑は昭和十六年（一九四一）に現在の華蔵寺公園に移され、戦没者を祀った英霊殿の近くに建てられた。ところが、この英霊殿が取り壊されると招魂碑は一時的に横倒しにされていた時代もあったという。こうした紆余曲折を経て、戦死者の遺族たちの尽力で現在の場所に設置された。

伊勢崎招魂碑は最後の藩主忠彰が伊勢崎を治めたことを証明する唯一の証であるとともに、明治の世になっても伊勢崎の民衆を忘れてはいなかったことの証であるように思う。招魂碑は現在では多くの家族連れで賑わう華蔵寺公園の一角にひっそりと立ち、かつての歴史を静かに語り継いでいる。

伊勢崎藩の菩提寺崇福寺

初代忠寛と六代忠良を除いた伊勢崎藩主が眠っている崇福寺は、東京都の葛飾区高砂にあり、伊勢崎とは遠く離れている。この寺と伊勢崎藩の酒井家とはどんな関わりがあるのかここで簡単に触れてみよう。

崇福寺は曹洞宗《そうとうしゅう》の寺院で、慶長五年（一六〇〇）に日本橋浜町《はまちょう》に建立された崇福庵を前身とする。慶長十八年に酒井忠世の帰依によって堂舎を建立し、崇福寺となった。酒井家との関わりはここから始まった。ところが、明暦三年（一六五七）に明暦の大火★で焼失したため、忠清の時代に浅草の松清町《まつきよちょう》に移転して本堂が再建された。この時から酒井家の菩提寺として繁栄することになった。

ちなみに、現在東京都指定の旧跡となっている千代田区の平将門《たいらのまさかど》の首塚はもともと酒井家の上屋敷の中庭で手厚く祀られ、崇福寺の住職が定期的に供養に出向いていたそうである。

大正十二年（一九二三）九月一日の関東大震災は浅草に甚大な被害を与え、崇福寺も焼失した。そこで、昭和三年（一九二八）に現在地の東京都葛飾区に移転したというわけである。

移転の影響で歴代藩主全員の墓石は残っておらず、ごく一部の藩主の墓石が残っているのみである。

伊勢崎における藩主の生活

三代将軍家光《いえみつ》時代の寛永十二年（一六三五）に参勤交代が武家諸法度によって正式に制度化された。これは江戸と藩主の領地を原則一年おきに往復するという制度で、伊勢崎藩主も江戸と伊勢崎の間を往復することになった。ここで伊勢崎

▼明暦の大火
明暦三年（一六五七）の一月十八日から二十日にかけて江戸の大半を焼失させた大火。三万人から一〇万人の人々が亡くなったとされる。

平将門の首塚

藩主の参勤交代の様子と、伊勢崎での藩主の生活に触れてみよう。

関東の譜代大名は江戸で半年、領地で半年を過ごすのが原則であった。そのため、二月に暇《いとま》をもらって八月に江戸に参勤するか、八月に暇をもらって二月に参勤するという二パターンが存在した。暇というのは領地に戻る許可を将軍からいただくことである。酒井忠寛が貞享元年（一六八四）に初めて伊勢崎へ帰ったときは八月の暇であった。次の忠告が藩主に就任して最初の参勤交代は二月の暇に変更となったが、宝暦三年（一七五三）にはもと通りになった。

藩主が伊勢崎にいた期間は時期によって変動がある。文化・文政期（一八〇四～一八三〇）になると伊勢崎にいる期間が最大で四カ月余りとなり、江戸にいる期間の方が長かった。それでも藩主たちは伊勢崎を自らが治めているという自覚をなくすことはなく、彼らの中に民衆を慮った政策を行った者が少なからずいたことは前述の藩主の事績で紹介したとおりである。

それでは藩主は伊勢崎でどんな生活をしていたのか。三代藩主忠温を例に辿ってみたい。藩主は江戸で暇を賜ると、中山道を経て熊谷《くまがや》（現・埼玉県熊谷市）から江戸道《えどみち》に入り、武蔵国中瀬村《なかぜ》（現・埼玉県深谷市）から境町を経由して伊勢崎陣屋に入った。到着した日には家臣の拝謁などが行われた。陣屋内での拝謁は家臣に限ったものではなく、領内の寺社関係者や町役人に対しても行われている。

宝暦十三年に藩主となった忠温はその年のうちに伊勢崎に赴き、領内を巡見し

「中山道図録」の熊谷宿
（国立国会図書館蔵）

た。これはその土地の基本台帳ともいうべき村明細帳《めいさいちょう》に基づくもので、藩主として領内の実態を検分したのである。また忠温は、伊勢崎滞在中に民衆との積極的な関わりを持った。例えば、明和五年（一七六八）には本光寺の立花会《たてばなかい》★をお忍びで見に行く、田んぼでの腕自慢の相撲大会を観戦、新町《あらまち》（現・伊勢崎市新町）と本町（現・伊勢崎市本町）の操り人形や蹴鞠《けまり》を見るなど、実に内容の濃い民衆との交流を行った。天明元年（一七八一）には境町の祭礼踊りを陣屋の舞台で上演させた。祭礼踊りといっても民衆による簡単な素人芝居であったが、境町からはこの栄誉に六〇名余りの者たちが参加している。

藩校学習堂《がくしゅうどう》ができてからは学習堂での授業を参観することも恒例行事となった。加えて家臣の武芸の鍛錬を検分することも行われ、これは陣屋内に限らず明和七年には忠温が安堀村《あんぼり》（現・伊勢崎市安堀町）で行われた鉄砲訓練を視察したという記録が残っている。

このように歴代の藩主は伊勢崎での日々を、時に民衆との関わりを持ちながら、領内の巡見や家臣の状況の観察、藩校での教育の視察といった公務に費やしていたことが分かる。ちなみに、民衆との関わりを意識していた藩主は他にもいて、例えば八代藩主忠強は近くの沼に出かけて従者に鯉《こい》や鮒《ふな》を釣らせたという記録が残っている。捕った魚は伊勢崎と江戸の家臣に振る舞われた。藩主は藩を治める関係上、家臣や民衆にその威信を示す必要がある。領内の巡見や民衆との関わり

▼立花会
江戸時代初期に二世池坊専好が大成した生け花を行う会。

はその絶好の機会であり重視された。加えて自身の治世がうまくいっているかどうかを一番よく感じられる機会でもあった。民衆を苦しめるような苛政をしてしまったら、改易★につながる可能性もある。藩主が伊勢崎に帰ることが自身の治世を引き締める重要な期間であったことは想像に難くない。以上のように藩主の伊勢崎での生活は、たとえ四カ月余りであっても重要な期間であったことが分かる。

▼**改易**
所領・家禄・屋敷を没収すること。

伊勢崎藩酒井氏系図

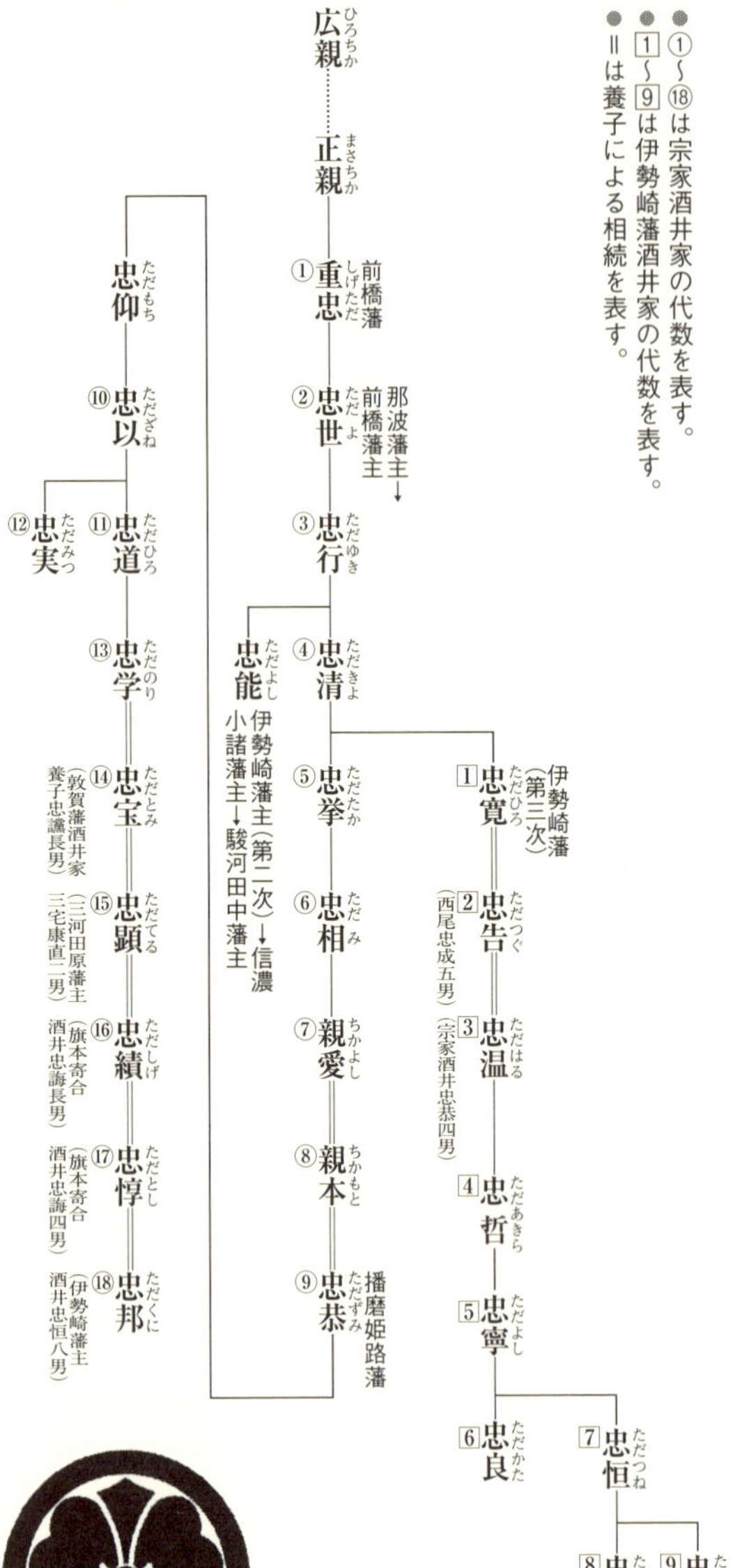

酒井家家紋
（丸に剣片喰）

第二章 伊勢崎藩の武士たち

役職に励み、苦しい生活に悩まされ、偉業を成し遂げた武士がいた伊勢崎藩。

①家臣の構成と給与体系

前橋藩の支藩として誕生した伊勢崎藩の家臣配置は、伊勢崎よりも江戸に重点が置かれた。所属する家臣の構成は様々で、身分によって給与体系も異なっていた。ボーナスや退職金も存在し、現代と類似した手当も支給されていた。

伊勢崎藩の家臣の構成

天和元年（一六八一）に酒井忠寛が伊勢崎藩を創立した時、家臣は宗家前橋藩の酒井家の家臣の中から選抜された。藩は領地に存在する城と江戸の屋敷を所有するのが普通であったが、伊勢崎藩の場合は城ではなく領地に伊勢崎陣屋と江戸屋敷を所有していた。忠寛は五四六人の家臣を江戸屋敷に四五七人、伊勢崎陣屋に八九人配置した。この中には家老をはじめ足軽や奥向きの女中も含まれていて、江戸屋敷に配置された家臣の数が伊勢崎陣屋よりも圧倒的に多い。

これはひとつには、伊勢崎藩が前橋藩の支藩としてスタートしたため万事前橋藩江戸屋敷からの指示を必要とし、江戸屋敷の方を重視したからと考えられる。また、幕府は大名や旗本に石高に応じた軍役を課したため、江戸で非常事態が生じた際に速やかに軍役が負担できるように江戸に人員を集中配置したことが関係している。

　位の高い役職につける上級家臣は江戸に一七三人、伊勢崎に二九人が配置されていた。戦闘になった際には彼らが司令官となるのであるが、庶民から年貢を徴収し藩に収納するという藩の財政上重要な役目も担う存在であった。だが、軍役は司令官だけで務まるのではなく、足軽や後方支援の者も必要とされた。弓・鉄砲・槍などを持つ足軽は江戸に六五人、伊勢崎に三八人が配置された。一方、後方支援は軍役の関係上から江戸にのみ配置された。具体的には、槍持ち・挟箱《はさみばこ》持ち・厩《うまや》管理の者・駕籠かきなど合わせて六三人がいた。また、辻番も江戸のみに八人が配置された。辻番とは江戸の武家屋敷周辺に警備のために配置される人々のことで、辻斬り等を取り締まった。

　ちなみに、石高に応じて負担すべき軍役の人数を伊勢崎藩にあてはめると、伊勢崎藩は二万石であったから、馬上二〇騎・鉄砲五〇挺・弓二〇張・槍五〇本・旗五本の一四五人を負担する義務があった。加えて甲冑持ち・立弓持ち・挟箱持ち・草履取り・馬口取り・小荷駄といった後方支援要員も含めると四一五人を揃えなければならなかった。こうした要員を円滑に揃えるために江戸に家臣の配置が集中していたのである。

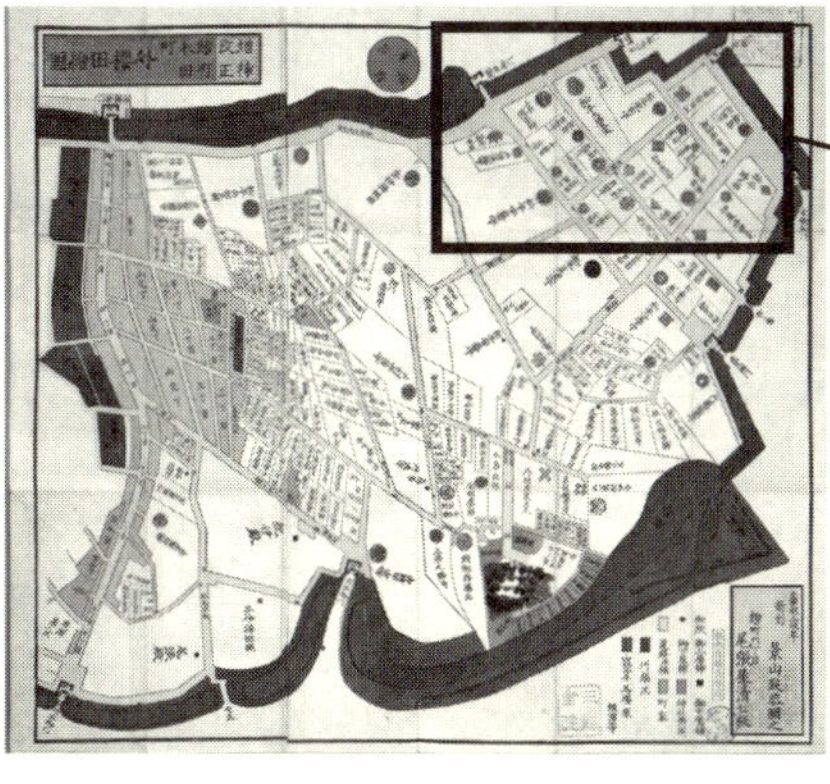

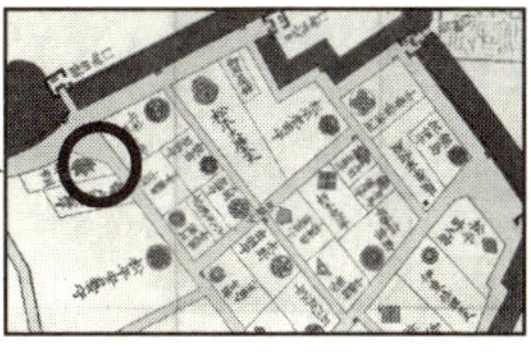

切り絵図に描かれた□が辻番所のあった場所
（国立国会図書館蔵）

伊勢崎藩士の給与

続いて家臣の給与の支給形態について見ていこう。諸藩の家臣は基本的に給与の支給形態によっていくつかに分類できる。まず知行取りは藩主から土地を与えられ、そこからの収入が給与となる。土地を与えられるということは領主となることを意味するので、上級家臣に多かった。知行取りのことを特に給人《きゅうにん》と呼ぶ。

一方、土地ではなく現物の米で給与を支給する形態があり、これを蔵米《くらまい》取りという。知行取りの収入がどれくらいであるかは石高で表示されるが、蔵米取りは米の支給であるため俵数で表示される。主に中・下級家臣はこうした支給形態がとられた。

それでは伊勢崎藩の場合を見ていこう。天和元年（一六八一）当時の藩士を見ると、知行取りの家臣は江戸詰が二六人、伊勢崎詰が六人の合計三二人いた。彼らの知行高の合計は五千八百八十四石で、単純計算で一人平均二百石クラスの知行高であったということになる。

知行取りの実質的な収入がどれほどであったかというと、知行高の三二パーセントの米と十石につき銭一貫文が藩から与えられることになっていた。例えば知行高が百石であるとすると、八十俵の米と銭十貫文が与えられる。伊勢崎藩では知行取りに対する給与が米と金銭で支給されて、米は分割して毎月支払われた。

一方、知行取り以外の中・下級家臣には基本的に金銭で支給された。毎年三回に分けて支給され、伊勢崎では一月から三月分を四月に、四月から六月分を七月に、あとの半年分は十二月に支給していた。四月と六月に四分の一ずつと、残りの二分の一を十二月に支給することが原則とされていたが、藩の財政事情も影響してその配分は一定していなかった。

四月に麦作の年貢、七月に大豆作の年貢、十一月に米の年貢の納入が行われていたことから、給与の支給は年貢収納に対応して行われていたことになる。ちなみにどの藩士にどのくらいの額を支給するかを記載した切符帳の作成は、支給される月に勘定目付が作成していた。

だが、中・下級家臣は給与だけでは生活ができないので、扶持米《ふちまい》が毎月支給されていた。例えば、ある家臣の給与が三両二人扶持《ににんぶち》★だとすると、三両分は前記のように金銭で支給され、二人扶持分を米で支給される。二人扶持とは家来や奉公人二人分を養える量の米を支給されると考えていただきたい。江戸時代には武士一人の一日の生計費用を米五合とし、これは一カ月だと一斗五升、一年だと一石八斗になる。一石八斗は米五俵であり、一人扶持は年間で米五俵分を支給されることをいった。つまり、二人扶持とは米十俵を支給されるということになる。

給与としての米はどのように受け取っていたかというと、陣屋の舂屋方《つきやかた》という

▼二人扶持
「ふたり」と読まず、「ににん」と読む。一人の場合も「いちにん」と読む。

年貢米を管理する役所から受け取る方法と、村の郷蔵《ごうぐら》★の年貢米を名主から受け取る方法の二パターンがあった。米の受け取りには春屋方から支給される米手形が必要であり、これと引き換えに米を受け取っていたのであった。

役職給とボーナス

ここまで挙げたものは格式をベースにした本給というものであるが、ここで役職給に相当する給与を紹介しよう。これは役料と呼ばれていて、藩士にとっては重要な職務の見返りであった。支給の時期は本給と同時の場合が多かった。役料の例を挙げてみると、藩内で藩主に次ぐ地位にあった家老の役料は嘉永期（一八四八―一八五四）に五十石だった。また、代官の部下として働いた手付には金二分の役料を受け取っていた者もいた。役料でも、二人扶持のように扶持米方式の支給が併用された。

現代におけるボーナスや退職金に相当する給与もあった。ボーナスとしての給与は褒美金といい、十二月に支給された。退職金としての隠居料は多年職務に功労があり今でいうと、定年退職をする者に与えられた。隠居料は若干の扶持米であったようだ。ちなみに、文久元年（一八六一）に家老を退いて隠居した石原純助には隠居料七人扶持と、紋付の綿入羽織が下賜された。

▼郷蔵
江戸時代に農村に設置された公共の貯穀倉庫。本来の年貢米の保管庫としての機能のほか、中期以降は飢饉等が発生した場合の備荒貯穀倉庫としての機能も備えていた。前橋市の上泉町に現存している。

この他、家臣の生計を支える費用として手当金や拝借金があった。手当金は自宅に火事が発生した場合に、拝借金は家臣の身内に不幸があった場合に貸与されたものである。また、陣屋の所有していた田畑が家臣に貸与されたケースもある。これは扶助の一環であったが、年貢を収納しなければならなかった。

◆2

伊勢崎藩士の財政状況

給与を支給されても藩士の生活は非常に苦しいものであった。常にリストラの危機に見舞われる恐怖、必然的な石高の減少に藩士は直面していた。中には土地を売買することで扶持米代わりの米を得て生き抜こうとする者も存在した。

苦しい藩士の生活

伊勢崎藩士たちの生活は潤っていたのであろうか。結論から言うと相当苦しいものであったようである。伊勢崎藩は二万石という小藩であったが、成立当初からこの石高で五四六人の藩士を養わなければならなかったのである。

こうした困難な財政状況は藩士の給与にも反映された。幕末頃のある家臣の給与を見ると、本給が約四割、役料が約一割五分削減された状態で支給されていたようである。幕末頃の藩は臨時支出を補うために相当な借金をしなければならない状態だったが、給与の削減はすでに二代藩主忠告の頃から断行されていた。

給与の削減方法には上米《あげまい》・上金というものがあった。これは給与の何割かを藩に上納させるというもので、明和六年（一七六九）には江戸詰の家臣は給与の一割、伊勢崎詰は同じく二割を上納しなければならなかった。翌年には上米の三カ年延長と、伊勢崎詰家臣の給与が五割削減されるという、信じられないような通達が藩から出されている。藩士が満足するような給与を支給することは藩の秩序を維持するうえで不可欠なことであるが、長期間大幅な給与の削減を断行した事実からは藩の財政がどれだけ窮乏していたかを読み取ることができる。そして、給与の削減が武芸を怠り、職務に対して怠慢になるといった藩士の風紀の乱れに繋がっていく。

藩士のリストラ

現代においても企業などが経営不振に陥った場合、人員整理が行われて経営の再建を企図することがある。こうしたリストラは伊勢崎藩でも行われていた。給与の削減だけでは財政難に対処できないためである。

まず削減の対象になったのは中間であった。中間《ちゅうげん》は最下級の武士で、雑務をこなすことを役割としていた。また、大名行列では荷物持ちをする役目があった。中間は天和元年（一六八一）時点で江戸屋敷に二一九人いた。ところが、江戸屋敷では、元禄十六年（一七〇三）には一七三人、安永年間（一七七二〜一七八一）には一六人、享和二年（一八〇二）には五人にまで著しく減少しているのだ。一

錦絵に描かれた大名行列の様子。木曽街道六拾九次十壱支蘇路ノ駅本庄宿神流川渡場（国立国会図書館蔵）

方の伊勢崎も天和元年には二二人、元禄十六年に三一人に増加したが、その後は二三人から一六人へと減少して、寛政六年（一七九四）には九人になってしまった。

初めのうちは下級の家臣を中心に行われていた人員削減がやがて上級家臣にも及ぶようになった。江戸詰と伊勢崎詰の家臣の総数は、藩の成立からしばらくは江戸詰の方が圧倒的に多かった。それがしだいに減少していき、寛政六年の史料を見ると伊勢崎が一一一人、江戸が八三人になって伊勢崎詰が江戸詰を上回った。これは単純に人員が削減されたというのではなく、江戸にいた上級家臣が伊勢崎に徐々に異動していったことを意味する。上級家臣を辞めさせることは藩にとって大きなリスクを負うことになるからである。

ではなぜ江戸から伊勢崎に異動させたのであろうか。それは江戸の都市の事情やそれに起因する貨幣経済に家臣が巻き込まれないようにするためであろう。江戸は繁栄しているがゆえに、武士を誘惑する数多くの娯楽が存在する。家臣がこうした誘惑に負けてしまえば、その家臣の支出は増大して困窮することになる。こうした事態は他の家臣にも大きな影響を及ぼすだけでなく、遊興や酒狂などの家臣の不祥事も生じかねない。江戸での物価高騰も家臣の困窮に拍車をかけることになる。そこで、これらの危険性の低い伊勢崎に異動させたものと考えられる。

もちろん家臣自身の落ち度によって職を追われる場合も多かった。例えば、遊里通いなど武士としてあるまじき行為をする、藩主に対して行き過ぎた進言を行う、借金の返済に行き詰まるなどがあった場合は職を追われ、処罰を受けた。ただし、これらはリストラというよりも懲戒の色彩が強い。いずれにしても伊勢崎藩の家臣はいつ免職や異動が行われるのか分からない瀬戸際状態で暮らしていたということである。

土地を売買する家臣

給与をカットする上米は生活に必要な扶持米の減少をも意味するから、下級家臣の生活は非常に苦しくなった。そこで、彼らの中には生活に必要な米を得るためしだいに田畑を手に入れて自作する者も現れた。藩は彼らに陣屋が所有していた田畑を貸し付け、あるいは払い下げを行うことで対応していた。ある家臣は文久元年（一八六一）に五四〇〇平方メートルほどの田を金二三両三分で買い上げた。

田畑を買うことのできた家臣はまだ良い方で、土地を質入れすることによって金を借りる者もいたくらいである。また自分の土地を売りに出す者もいた。下級家臣は土地に手をつけなくてはならないほど困窮していたのである。日本史の授業や教科書で田畑永代売買の禁令★という言葉になじみのある方は多いと思うが、江戸時代中期になると実際には法令をかいくぐって売買が行われていたのである。

▼田畑永代売買の禁令
寛永二十年（一六四三）に江戸幕府によって出された。訴え等がない限り処罰を行うことはほとんどなく、実際にはこの禁令のもとで土地の売買が頻繁に行われていた。

家督相続による知行の変化

　ここで、給与に大きく影響する家の相続に関する話を取り上げたい。武士の相続に関わる話になると、必ずといってよいほど耳にする言葉として「家督」がある。一般的に江戸時代では先代が隠居した場合に相続することを家督相続といい、先代が死亡した場合に相続することを跡目《あとめ》（跡式《あとしき》）相続といって区別していた。では伊勢崎藩がそのような分類法を用いていたかというと、そうでもなかったようだ。むしろ伊勢崎では先代の格式の相違によって、相続を分類していた。具体的に言うと、給人格以上の者の場合を「家督」、中小姓《ちゅうごしょう》から徒士《かち》格までを「跡式」、小役人から足軽までを「立代《たちかわり》」と呼んでいた。家督が上級家臣、跡式が中級家臣、立代が下級家臣と考えていただければ分かりやすいだろう。

　話を本題に戻すと、相続された場合にはその家の石高が変化する。八坂用水を開削したことで有名な小畠《おばた》武尭《けたか》の家を挙げてみよう。武尭の石高は二百石であったが、その後を相続した嗣子の石高は百八十石、さらに孫の代になると百石となっている。つまり、代を重ねていくうちに石高が減少していってしまうのである。これは小畠家に限った話ではなく、家老を務めることのできる家でも同様だった。

③ 明暗分かれる家臣の出世

他藩と同様に伊勢崎藩でも家柄によって就任できる役職がほぼ決まっていた。また、嫡子と庶子では出世に大きな違いがあった。寛保年間以降の一時期に限っては新規の人材登用も行われたが、やはり藩に昔から仕える家柄が重視された状況は変わらなかった。

家臣の新規人材登用

江戸時代初期には藩の役人を務める家が決まっていて、それを覆すことは容易ではなかった。しかも家の中では嫡子の力が強く、二男・三男といった庶子には能力があってもそれを生かすチャンスが少なかった。だが江戸時代も中頃になると、諸藩でも有能な人物が登用されるようになっていく。伊勢崎藩でも将軍吉宗の時代である寛保年間（一七四一〜一七四四）くらいからこうした動きが出てきた。ちょうど吉宗が身分や格式が低くても有能な人材を登用していた時期と重なる。

まずターゲットになったのが格式の高い家の庶子、その次が有能であると見込まれたが職のない者たちであった。例えば、浅間山噴火の際に庶民の救済に尽力した浦野神村《しんそん》の先々代は前橋藩に出仕していたが、職務に懸命でないことを理由

徳川吉宗画像写
（東京大学史料編纂所蔵）

に辞めさせられた。その養子の新平が伊勢崎藩に出仕を懇願して、中小姓で登用された。それが寛保年間のことである。浦野氏のほかにもこの時期以降多くの人物が登用されている。

彼らに共通することは、村方に居住していたために村の事情に精通していたということである。そのため登用されるとまずは、代官や山奉行といった庶民との接触が多い役職の手付《てつけ》になる。この時代において収入の増加に直結するのは村方であり、村方をいかにうまく治めるかがポイントであった。そのため藩は村方をうまく治めるノウハウを知っている「地方巧者《じかたこうしゃ》」★を求めていた。藩に登用された子孫の中から伊勢崎の「地方巧者」が誕生してくるのである。

家臣の格式

武士の格式は前述の給与の形態によるものと、家柄によるものがあった。武士にとって家格は重要で、家格によって就任できる役職がある程度決まっていた。

それでは伊勢崎藩家臣の家格にはどんなものがあったか。今日でも席次はその人物の地位を示すうえで重要な意味を持つが、それは江戸時代においても同様であった。そこで、まずは宝暦十三年（一七六三）における伊勢崎藩の役人の席次を示すことから始めたい。五三ページの表は伊勢崎藩の役人の席次の一覧である。

▼地方巧者
江戸時代に農村の支配に精通した官僚のこと。中期以降は民間から登用されることが多かった。伊奈忠次・田中丘隅などが有名。

この表に掲載されている家老や元締といった役職については後の章で詳しく触れるが、ここでまず注目したいのは三六番の組外《くみはずれ》である。組外までは、藩主に対して年頭の祝儀や御機嫌伺いをすることが可能であった。こうした者を御目見得以上、あるいは上士と呼ぶ。一方、藩主に直接会うことのできない者を御目見得以下や下士といい、徒士《かち》や足軽はこちらに含まれた。戦国時代に徒士や足軽は騎乗を許可されなかった。平和な世になってもこうした藩主との拝謁において彼らは明確に区別されたのであった。もう一つ注目すべき格式は二七の中小姓で、この格式よりも上にいるか下にいるかによって昇格のスピードがかなり異なった。

伊勢崎藩の役人の席次

1	年寄（家老）	21	徒士頭	41	徒士格
2	番頭	22	納戸	42	料理人小頭
3	小姓頭	23	近習	43	料理人
4	年寄の嫡子	24	平給人	44	御前小僧
5	旗奉行	25	給人格	45	小役人
6	奉行	26	近習医師	46	平坊主（名字御免）
7	留守居	27	中小姓		以下足軽本組、並組が続く
8	奏者番	28	表医師		
9	物頭	29	台所頭（並供番）		
10	肩衣御免の側用人	30	徒士組頭（並供番）		
11	元締	31	平並供番		
12	中小姓組頭	32	台所頭（組外）		
13	鎗奉行	33	勘定目付		
14	奥年寄	34	徒士目付		
15	大目付	35	御用場書役		
16	町奉行	36	組外		
17	使番	37	坊主頭		
18	側用人	38	坊主小頭		
19	勘定奉行	39	御前小僧(玄猪・嘉祥)		
20	勘定吟味役	40	徒士		

重んじられた古参の家柄

続いて、父親が藩に取り立てられている役職や格式によって、その嫡子あるいは庶子がどのような格式からスタートするのかを示したのが五五ページの表である。例えば父親が藩内序列第一位の年寄である場合、嫡子は初めから序列三位の小姓組頭格《こしょうぐみがしら》に取り立てられ、家督を相続すると正式に小姓頭になる。年寄、番頭《ばんがしら》、小姓頭、役人以上は非常に重要な役職・格式であるので、どんなに格式のある家の嫡子であってもいきなり父に追いつくことはなかった。ところが、給人から足軽本組に至るまでの格式のうち、表の中で（3代）と書いてある者に着目してほしい。これは藩の家臣として取り立てられてから三代経過したことを意味している。彼らの嫡子もやはり最初は父親よりも低い格式からスタートするものの、相続時には早くも親と同じ格式に昇格する。それとは対照的に父親の代で初めて取り立てられた家の嫡子は、相続時には父親の格式に遠く及ばないことが分かる。昇格の重要な条件の一つとしてその家が代を重ねて藩に取り立てられる必要があることを示している。すなわち、古参の家が重んじられたということである。

この表でもう一つ注目したいのは、二男以下の庶子の召出しの動向である。年寄の庶子は序列二四位の給人から召出しが始まり、序列三位の小姓頭の庶子になると組外からの召出しである。序列三位という上級家臣の庶子でさえ、藩主に直接拝謁できる最低の序列である組外からの召出しと、庶子がいかに軽んじられていたかが分かる。加えて、徒士以下になると庶子は足軽にしかなれないという厳しい現実があった。

親子関係と役職・格式

父	嫡子・惣領		二男以下
	召出	相続	召出
年寄〈1〉	小姓頭格〈3〉	小姓頭〈3〉	給人〈24〉
番頭〈2〉	給人格〈25〉	使番〈17〉	並供番〈31〉
小姓頭〈3〉	中小姓〈27〉	給人〈24〉	組外〈36〉
役人以上（3代）〈5～23〉	中小姓〈27〉	給人〈24〉	徒士〈40〉
役人以上（取立）〈5～23〉	中小姓〈27〉	中小姓〈27〉	徒士〈40〉
給人（3代）〈24〉	中小姓〈27〉	給人〈24〉	徒士〈40〉
給人（取立）〈24〉	並供番〈31〉	中小姓〈27〉	徒士〈40〉
給人格（3代）〈25〉	中小姓〈27〉	給人格〈25〉	徒士〈40〉
給人格（取立）〈25〉	並供番〈31〉	中小姓〈27〉	徒士〈40〉
中小姓（3代）〈27〉	並供番〈31〉	中小姓〈27〉	徒士〈40〉
中小姓（取立）〈27〉	組外〈36〉	並供番〈31〉	徒士〈40〉
並供番（3代）〈31〉	組外〈36〉	並供番〈31〉	料理人格〈43〉
並供番（取立）〈31〉	徒士〈40〉	組外〈36〉	御前坊主格〈44〉
組外（3代）〈36〉	徒士〈40〉	組外〈36〉	小役人〈45〉
組外（取立）〈36〉	料理人格〈43〉	徒士〈40〉	小役人格〈45〉
徒士（3代）〈40〉	小役人〈45〉	徒士〈40〉	**足軽本組**
徒士（取立）〈40〉	小役人格〈45〉	小役人〈45〉	**足軽本組格**
徒士格（3代）〈41〉	小役人〈45〉	徒士格〈41〉	**足軽本組格**
徒士格（取立）〈41〉	小役人格〈45〉	小役人〈45〉	**足軽本組格**
小役人（3代）〈45〉	**足軽本組**	小役人〈45〉	**足軽並組**
小役人（取立）〈45〉	**足軽並組**	**足軽本組**	**足軽並組格**
足軽本組（3代）	**足軽並組**	**足軽本組**	**足軽並組格**
足軽本組（取立）	**足軽並組**	**足軽並組**	**足軽並組格**

④

伊勢崎藩の政治の仕組み

藩政を円滑に行うため、藩主の下、様々な役職が枝分かれしていた。ここでは、他藩にも存在した家老、寺社奉行、郡奉行、大目付、勘定奉行や、学問の奨励や建物の管理にあたる役職を紹介する。

伊勢崎藩の組織

藩主がどんなに名君であっても、その下にいる家臣が有能でなければ藩政は機能しない。ここでは藩主の下にどんな組織があったのかを見ていこう。

伊勢崎藩の組織については五七ページに示したとおりである。これによると藩主の下に家老、家老差合勤《さしあわせづとめ》という二つの職があることが分かる。家老は家臣の筆頭であるとともに、藩政執行の中心である。家老という呼び方をされるようになったのは天保四年（一八三三）からであり、それまでは年寄とか老衆《ろうしゅう》と呼ばれていた。天明三年（一七八三）の浅間山大噴火の際に救済活動の先頭に立った関当義やその息子の重嶷《しげたか》などは年寄である。家老差合勤というのは多忙な家老の職を分担するための役職である。嘉永期（一八四八〜一八五四）の分限帳《ぶげんちょう》★によれば

▼分限帳
江戸時代において大名家の家臣の氏名や禄高、地位、役職などを記した帳面。読み方は「ぶんげんちょう」ともいう。

伊勢崎藩の組織

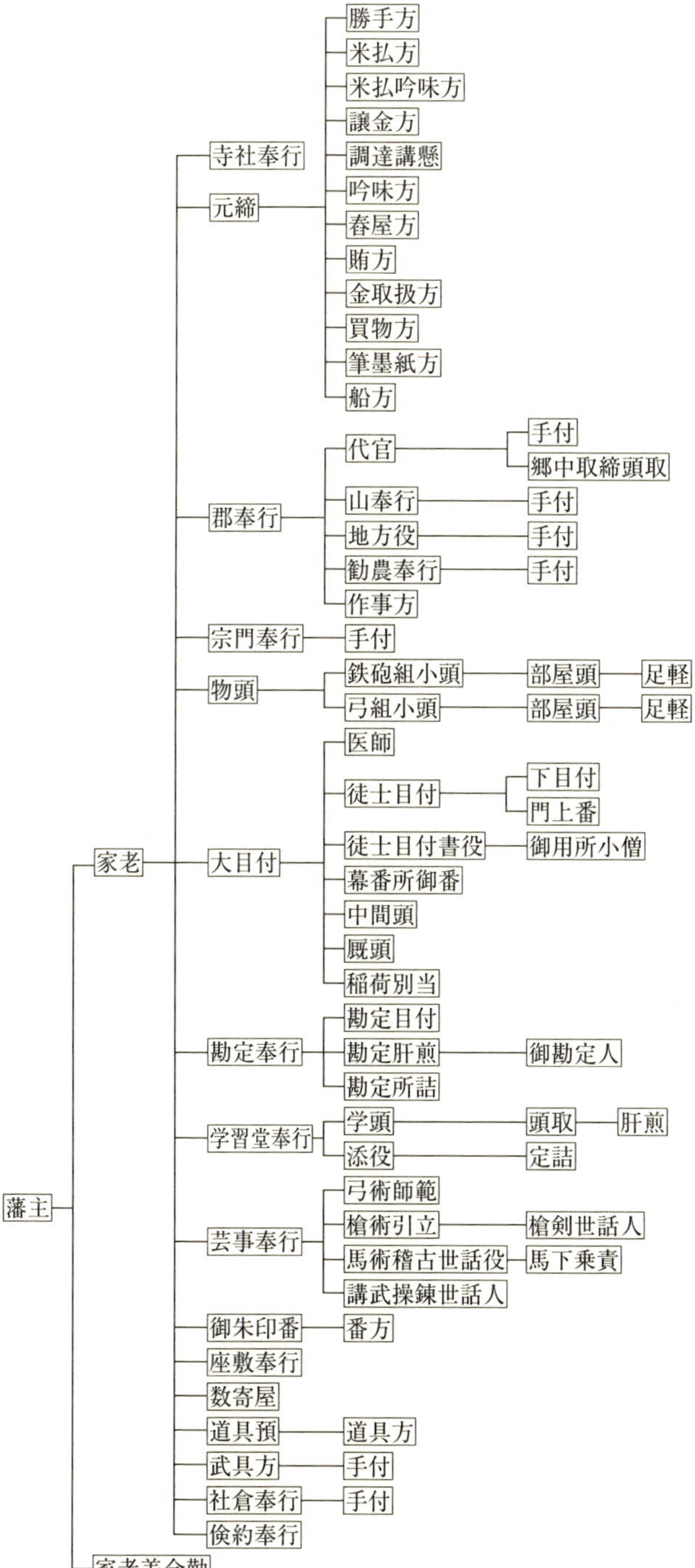

藩主
家老
家老差合勤
寺社奉行
元締
勝手方
米払方
米払吟味方
譲金方
調達講懸
吟味方
舂屋方
賄方
金取扱方
買物方
筆墨紙方
船方
郡奉行
代官
手付
郷中取締頭取
山奉行
手付
地方役
手付
勧農奉行
手付
作事方
宗門奉行
手付
物頭
鉄砲組小頭
部屋頭
足軽
弓組小頭
部屋頭
足軽
大目付
医師
徒士目付
下目付
門上番
徒士目付書役
御用所小僧
幕番所御番
中間頭
厩頭
稲荷別当
勘定奉行
勘定目付
勘定肝煎
御勘定人
勘定所詰
学習堂奉行
学頭
頭取
肝煎
添役
定詰
芸事奉行
弓術師範
槍術引立
槍剣世話人
馬術稽古世話役
馬下乗責
講武操錬世話人
御朱印番
番方
座敷奉行
数寄屋
道具預
道具方
武具方
手付
社倉奉行
手付
倹約奉行

家老は他の役職を兼ねることはないが、家老差合勤は他の役職と兼職をしている。

寺社奉行と宗門奉行―宗教政策を担当―

寺社奉行とは江戸幕府に存在した寺社奉行と同じような役割を担った組織である。伊勢崎藩内の寺院・神社の管理、僧や神職の統制、修験者の管理を行った。また、寺社に関する訴訟問題も担当した。

宗門《しゅうもん》奉行は伊勢崎藩内の宗門改めを行う役所である。江戸時代には寺請《てらうけ》制度があり、すべての民衆がいずれかの仏教寺院の檀家《だんか》となった。これによってキリスト教や日蓮宗不受不施派《ふじゅふせは》★の取り締まりを行い、領内の民衆の実態を把握した。宗門改めはこの制度に基づいて領内の民衆が所属する宗派を調査することをいう。

伊勢崎藩の宗門改めは、毎年秋に実施していたようである。安政五年（一八五八）の記録によると全人別を把握するために九日かかった。春にはすでに五人組によって作成された資料に基づいて代官と郷方《ごうかた》が人別改めを行っているので、それと宗門改めを照合させることで正確な民衆の実態が把握できるわけである。こうした作業を伊勢崎藩は毎年決まった時期に行っていた。

伊勢崎藩では宗門人別改帳《しゅうもんにんべつあらためちょう》は作成されず、寺が檀家の名前を記述して藩に提出する宗旨証文《しゅうししょうもん》が宗門改めの基礎資料となっていた。

▼日蓮宗不受不施派
日蓮宗の開祖日蓮が唱えた法華宗を信仰しない者から施しを受けたり、施しを与えたりしないという不受不施義を守ろうとした宗派。江戸時代にはキリスト教とともに弾圧された。

元締—藩資金の管理を担当—

元締《もとじめ》の職務は主に藩の持つ資金等の出納・管理であるが、下部組織も含めてその職務は多岐にわたるので左上の表をご参照いただきたい。

元締とその下部組織の職務

元締の職務：借入金の差配、年貢の出納・管理、藩が主催する普請の際の費用の見積り、経常経費の支出、家臣の扶持米・金の支給、江戸屋敷への経常経費・飯米・薪の送付

下部組織役職名	職務内容
勝手方《かってかた》	御用達支配の担当（御用達の意見取次）、返済問題の解決
米払方《こめばらいかた》	米払会所の運営。融通金の調達にあたる
譲金方《ゆずりきんかた》	家臣への葬儀費用や医療費等の貸付
調達講懸《ちょうたつこうがかり》	無尽講の取立と運営
舂屋方《つきやかた》	家臣への扶持米の支給、年貢米の支払い
金取扱方《きんとりあつかいかた》	金庫の出納を行う
買物方《かいものかた》	藩の備品の調達と管理
筆墨紙方《ひつぼくしかた》	筆・墨・紙の調達と管理
船方《ふなかた》	江戸藩邸へ使う日常品を船で回送する

郡奉行とその下部組織の職務

郡奉行の職務：種々の願に対する申し渡し、他領民との間に発生した民事事件の解決依頼

下部組織役職名	職務内容
代官《だいかん》	人別改め、領内巡回による田の植付面積の把握、民事・刑事事件の取扱い、庶民に対する触れの周知徹底、博奕過怠金の徴収、家作金・馬代金の貸付、領民から藩主への進物の取次、年貢割付状の送付、例幣使や大名に対する応接、農兵の募集
山奉行《やまぶぎょう》	藩有林の管理・監督・伐採
地方奉行《じかたぶぎょう》	溜池・用水路・取水堰の維持管理、川除と普請の監督、道路の維持・管理、検地の執行、水車・魚簗運上の取り集め
勧農奉行《かんのうぶぎょう》	窮民に対する農業資金の貸付、窮民の救済、農村復興
作事方《さくじかた》	陣屋内の建物や領内の橋の普請の監督・管理、大工・仕事師・板屋根職人の支配

郡奉行―民政に関わる職務を担当―

郡奉行《こおりぶぎょう》の職務は庶民からの種々の請願に対する申し渡しや他領民との間に起きた民事事件が解決しない場合に相手方の同役に解決を依頼するといったものであった。近世にはありとあらゆる請願が民衆から出されたので、郡奉行の職務は多忙であった。郡奉行配下の組織については五九ページ下の表に示したとおりである。

これによると、郡奉行の管轄下にある組織はすべて領民支配の中核となる組織であることが分かる。江戸時代には全国の至るところで水論《すいろん》★や境論《さかいろん》★など多くの訴訟が発生し、郡奉行が対処してきたという歴史がある。それは伊勢崎でも例外ではなかった。

大目付―政務、家臣の監察や法令の施行を担当―

大目付《おおめつけ》は家臣の規律維持、懲罰の申し渡し、出欠状況や忌引等の把握、家中触れの周知徹底など家臣の動静を細かく把握する役目を負った。今で言う人事課といったところだろうか。また、陣屋の管理も行った。そして、徒士《かち》目付《めつけ》に命じて行き倒れ人や殺人事件の検視を行い、祭りの監督などその職務の範囲は庶民にまで及ぶものであった。大目付の管轄する下部組織の職務内

▼水論
田に引く水の配分を巡る争いのこと。「みずろん」ともいう。

▼境論
村の境界などを巡る争いのこと。

大目付とその下部組織の職務

大目付の職務：家臣の動静の把握、陣屋の管理、行き倒れ人・殺人事件の検視、祭りの監督等の命令

下部組織役職名	職務内容
徒士目付	道具改め・朱印風入れの立ち会い、家臣の懲罰申し渡しの際の立ち会い、家臣の檻の封印・解封、陣屋の管理、祭礼・市の監督、殺人事件・行き倒れ人の検視、犯罪者の逮捕
下《した》目付	犯罪者や無宿人の牢出入の立ち会い、入牢者死亡時の仮埋葬、家中触れ・指名手配書の周知徹底、幕府に献上する小豆検査の立ち会い
門上番《もんじょう》	陣屋の門番

容は表（六〇ページ）のとおりである。

勘定奉行―租税に関する職務を担当―

勘定奉行が取り仕切る役所を勘定所というが、勘定所の職務は、年貢割付《わりつけ》状★・米の平均値段書・年貢免状の作成や、家臣に給付する屋敷付の田畑の管理であった。勘定肝煎《きもいり》は勘定所の実働部隊のような者たちで、年貢割付状等の作成は勘定肝煎が中心となって行った。勘定肝煎によって作成された割付状等は勘定目付が一度目を通し、最終的に勘定奉行の許可を得て正式に発行された。年貢割付状には勘定奉行・勘定目付・勘定肝煎の順番で名前が書かれている。領内で検地が行われる場合は勘定奉行が御筆《おふで》大将といって検地の責任者となった。

学問・武芸の監督や、建物を管理する役職

その他の役職は、下の表に示すとおりである。学問の監督や藩関係の建物や備品を管理する役職である。そのうち、学習堂奉行や芸事奉行は藩がこれらの奨励のために設置した役職である。後には倹約を励行するための倹約奉行も設置された。これらは重要な役職ではあるが、複雑な役職ではないため別の役職に就いている者が兼ねる場合が多かった。

▼年貢割付状
領主が年貢を課す際に発行する文書。年貢の請求書。

その他の役職とその職務

下部組織役職名	職務内容
学習堂奉行	藩校学習堂の運営・監督
芸事奉行	藩主の弓・槍・馬・鉄砲等の武芸を担当
御朱印番	朱印状の管理、火災の際の朱印状持ち出し
座敷奉行	陣屋の御殿の座敷の管理
道具類・数寄屋	藩主の身の回りの道具の管理
社倉奉行	穀物を備蓄する社倉の管理

5 伊勢崎陣屋と江戸屋敷

伊勢崎藩では大規模な城郭が造られず、陣屋が政務の空間であった。
陣屋の敷地内は政務の空間でありながら、様々な事件も発生した。
江戸にはいくつかの屋敷があり、江戸屋敷にしかいない役職も存在した。

伊勢崎陣屋内の様子

藩といえば「殿様」、「殿様」といえば立派な天守を備えた城に住んでいることを思い浮かべる方が多いと思う。実際に現在の群馬県域にあった前橋藩・高崎藩・館林藩などは城を持っていた。だが、伊勢崎藩は二万石の小藩で前橋藩の支藩という性格上、立派な城郭を造らず、代わりに陣屋を造って藩の本拠地とした。陣屋の周囲には高い石垣を構えることはなかったが、堀を巡らして土塁を築いていた。陣屋には藩政を司った役所とともに、藩主や家臣の居住空間もあった。

伊勢崎陣屋は寛政十年（一七九八）の記録によれば、堀や高い土塁を三重に巡らしていたようで、南に表門、東に裏門があった。表門のさらに南、裏門のさらに東、裏門の南東部に外門が冠木門《かぶきもん》★の形式で置かれていた。表門は藩主の参勤交

▼冠木門
左右の門柱を横木によって構成した門で、屋根はなく簡素な門。

代の際などにしか使用されず、日常的には裏門が使用されていたらしい。それぞれの門の付近には家臣の集合住宅である長屋や上級家臣の屋敷があるのがほとんどであるが、東の冠木門の付近に代官役所と山奉行の役所があった。

陣屋の内部の北西部に藩主の居住空間・儀式・政治の場所である御殿があった。御殿の東から南にかけては家臣の居住空間が広がっている。勘定所などの役所関係はどちらかといえば東側につくられていた。酒井家が伊勢崎藩二万石を支配する証明書である朱印状を保管する朱印蔵《しゅいんぐら》は、大切な施設とあって御殿の側のすぐ南側に存在している。

陣屋の敷地内にあるものは政治の場や居住空間だけではなかった。例えば武芸の訓練の場である体術場や槍剣術場が御殿の南側に、藩校学習堂が西側にあった。また、八幡・稲荷・秋葉を祀った三社《さんじゃ》神社もあった。裏門の外堀には島があり、そこには中島牢という牢屋が設けられた。

陣屋内での家臣の生活

陣屋の居住空間にはどれくらいの家臣が住んでいたのであろうか。家臣のうち陣屋に居住するのは家老から足軽までの者たちであったが、すべての家臣が住んでいたわけではない。藩に召し抱えられて間もない者のように、近隣の町村から通勤する者もいたが、嘉永期（一八四八―一八五四）には一四〇人前後の家臣が陣屋に住んでいたようである。居住空間は借家で、家臣も江戸屋敷に異動となることがあったので、居住者は入れ替わっていた。

一口に家臣の居住空間といっても格式によって建物の規模に決まりが設けられていた。まず面積は年寄が五〇〇坪、旗奉行から徒士頭までが二五〇坪、給人が二〇〇坪と決められていた。もし裏に道があるなどの都合でこの面積に満たない場合は、不足分の坪数の菜田が付与されていた。こうした決まりは玄関の間口にも設定されていて、年寄は二間（三・六メートル）、旗奉行から給人までは九尺（二九三センチメートル）、中小姓までは六尺（一八二センチメートル）となっていた。

陣屋内で家臣の生活がどんな様子であっ

伊勢崎陣屋の一年

月	日付・勤務・行事
1月	2日：学習堂講義開始、槍術・剣術・体術等諸芸初め
	5日：龍海院へ年頭礼、6日：若菜の御祝儀、11日：藩主へ年頭礼を行い御用始め、人事異動発表、六斎市、新町の市初日、13日：武具方の鉄砲細工始め
	20日：甲子会
	下旬：地方役と手付二人が関根へ出張
2月	初午の日：三社神社のうち稲荷神社の祭礼、新名主が代官役所に出頭
3月	下旬：五人組改め
4月	この月：田方用水準備のため、地方の元堰出張。日光例幣使馳走のため、代官が柴宿と境町に出張
5月	5日：端午の節句祝儀
6月	20～22日：天王祭礼に徒士目付が出張、24日：三社神社のうち秋葉祭礼
7月	6日：伊勢崎町で盆市、7日：七夕の節句、13日：龍海院へ盆見舞、15日：同聚院へ盆見舞、三社神社のうち八幡の縁日、上旬：役所の虫干し終了
	この月：勘定目付、秋渡しの扶持金の切符帳作成
9月	9日：重陽の節句、この月：幕府への献上小豆の精選、宗門奉行による宗門改め
10月	11日：前日が十日夜のため陣屋で餅つき、この月：年貢割付状作成
11月	この月：家臣の学芸検分（成果発表）、冬至：学習堂で冬至礼
12月	この月：村入用帳の検査、暮渡しの扶持金の切符作成、会計の決算、暮の市へ役人の出張、学習堂で成績優秀者に褒美を下賜、江戸屋敷へ正月飾り用の道具を船で搬送

たかはほとんど分からないが、天保二年（一八三一）に藩主の忠恒が見回った際には風俗が良くないとの感想を漏らした。これを受けて陣屋内での生活を引き締めるようにとの達しが出されたが、効果はあったのだろうか。

忠恒の見回りの二年後の様子は、御殿近くで犬を殺し御殿の玄関を汚す者、御殿内で育てていた干し柿をむやみにとったり食い荒らしたりする者、家老の家の金を度々盗む者などがいて、実に物騒な状況であった。こうしたことを家臣が行っていたというのだから驚きである。

また、陣屋内では盗難も度々発生していた。家臣の犯行もあったが、庶民が陣屋内に侵入して盗みを働くこともあった。実際に陣屋内には用事もなく侵入していた庶民も多くいて、藩が注意の触れを出していた。

伊勢崎藩の江戸屋敷

大名は参勤交代で江戸に一定期間居住することを義務付けられていたため、藩主の住居が江戸にも必要だった。加えて、幕府から藩本国への連絡の際には窓口となる機関が必要とされた。これらの役割を担ったのが、江戸屋敷あるいは江戸藩邸と呼ばれるもので、藩の規模を問わずほとんどの藩が所有していた。

天和元年（一六八一）に成立した伊勢崎藩は前橋藩の支藩という事情から、当初は独自の江戸屋敷を構えることはなく、宗家酒井家の屋敷を間借りする形をとっていた。幕府から独立した屋敷を与えられたのは元禄六年（一六九三）のことで、本所二ツ目に三五〇〇坪を拝領した。その四年後にこの屋敷を返還し、代わりに本所大川端横網《よこあみ》町に三五〇〇坪を拝領、さらに元禄十三年には麻布にあった元仙台藩主伊達綱宗《つなむね》★の屋敷四三〇〇坪余りを拝領した。

だが、麻布屋敷は拝領の翌年に本所三ツ目にあった前橋藩酒井家の下屋敷五〇〇〇坪と交換となる。さらにそのうちの三五〇〇坪は旗本最上《もがみ》★氏の柳原屋敷三〇〇〇坪と交換された。こうして本所三ツ目に一五〇〇坪、柳原に三〇〇〇坪、大川端横網町の三五〇〇坪の合計三つの屋敷を持つことになった。これらの屋敷はその後も交換が行われた。

伊勢崎の江戸屋敷は上中下の三つあった。藩主とその家族が居住し政治的機構も兼ね備えた上《かみ》屋敷は、伊勢崎藩の場合、愛宕下《あたごした》広小路に置かれた。この上屋敷は享保十九年（一七三四）に拝領し、伊勢崎藩の終焉まで使用した。現在の新橋駅前のＳＬ広場にあたる場所である。

中《なか》屋敷と下《しも》屋敷は上屋敷の控え場所というような性格で、隠居した元藩主の住居、あるいは上屋敷周辺で大火が発生した際の避難場所として使用されることがあった。中屋敷は嘉永四年（一八五一）に本所表町、下屋敷は文政十年（一八二七）に浜町に定まるまで転々とし続けた。

▼伊達綱宗
寛永十七（一六四〇）―正徳元年（一七一一）。仙台藩第三代藩主。酒食に溺れて藩政を顧みなかったとされ、僅か二十一歳で隠居させられた。その後五十年の余生は芸術に傾けられた。

▼最上氏
出羽国の戦国大名最上義光で有名な一族で、江戸時代には旗本となった。義智は一代限りの高家となった。最上氏は旗本の中でも格式の高い交代寄合の家とされ、江戸への参勤交代が許されていた。

新橋のＳＬ広場

江戸屋敷の役職

江戸屋敷には伊勢崎の陣屋にはない留守居《るすい》役や近習《きんじゅう》などの役職があった。留守居役は幕府や他の藩とのやり取りを行う責任者で、藩主が伊勢崎に赴任している際には屋敷の守護にあたった。また、常に江戸城に詰めて幕府内の状況や幕府から出された法令を入手するという重要な役割を担った。

藩政や幕府への職務遂行にあたっては先例が重要視された。自分の藩にそうした先例が存在しない場合、他藩の類似した事例が大きな参考となる。そのために、留守居役が他藩の留守居役と定期的な交流を持つことが重要であった。他藩との交流でも解決できない場合は、幕府の関係役所に問い合わせて解決を図った。

留守居役は家老が兼務し、徒士頭格の者が添役《そえやく》として補佐を行った。留守居役を兼務する家老は江戸詰の家老で、家老をはじめ元締・勘定奉行・大目付なども伊勢崎とは別に江戸屋敷に設置されていた。これは伊勢崎で問題などが発生した場合、江戸の同役と相談して解決を図るためであった。それでも解決できない場合に、留守居役の役割の出番となったわけである。

近習は藩主の身の回りの世話をする者のことで、給人から中小姓の格式の者が就任した。近習の役目は細部にまでわたり、例えば藩主に来客があった場合にも出番があった。来客に対しては茶や煙草、火鉢を出すことになっていたが、近習がお茶部屋に命じることで初めて実行された。近習は湯が沸くまでの間お茶部屋に立ち会い、茶の毒味をした。単純に藩主のそば近くにいるだけでなく、藩主の生命を守るという役目も負っていた。藩主が外出をする場合には徒士とともに供をし、世話を行った。近習は藩主が若い場合には年齢の近い者がなることが多かった。

⑥

伊勢崎藩の偉人たち

伊勢崎藩の発展に功績があった七人の人物を紹介する。彼らの貢献の方法は治水、行政、学問、医学、文化など様々であったが、いずれも伊勢崎にとどまらず全国に名を知られるべき偉業を成し遂げた人物である。

様々な能力を生かした七人の偉人

ここまで伊勢崎藩の政治の仕組みや藩士の生活などを説明してきたが、ここでは伊勢崎藩に実在した人物を七人紹介しよう。七人に共通するのは、後世に語り継がれるべき重大な功績を残しながら現代ではほとんど忘れられている人物だということである。こうした偉人が伊勢崎に実在したということをぜひ知っていただきたい。

小畠《おばたけ》武尭《たけたか》―一命を賭して農業用水を完成させた男―

武尭の通称は市之丞《いちのじょう》といい、生まれた年は定かではないが、二代藩主忠告に仕えた。元禄十六年（一七〇三）時点の知行高は百五十石だった。初めは江戸屋

小畠武尭顕彰碑

敷に詰めていたが、宝永二年（一七〇五）に伊勢崎詰となり郡奉行に就任。伊勢崎藩は当時、農業用水の不足に悩まされていた。特に、佐位郡（現・伊勢崎市東部・南部）では粕川《かすかわ》や荒砥《あらと》川などの中小の河川や、湧き水、波志江《はしえ》沼などの僅かな溜池にしか頼ることができず、安定した用水の確保が求められていた。そこで、藩は新たな農業用水の開削を決め、その責任者に武尭を任命したのであった。

新たな用水は八坂用水と後に呼ばれるもので、全長一四・五キロメートルに及ぶ。用水の起点は前橋藩領の笂井《うつぼい》村で、神沢《かんざわ》川を越えて伊勢崎藩領の八坂村に入る。藩領内では波志江村、華蔵寺付近を流れ、東部の茂呂《もろ》村で粕川に合流した。工程のうち難関を極めたのが、神沢川を越えるための工事であった。苦心の末ここに全長七〇メートルもの樋を設けて川を越えさせることになり、この樋は付近の八坂村にちなんで八坂大樋《やさかおおどい》と呼ばれることになった。

さらに大変だったのは、用水の起点が前橋藩領内にあったことである。用水を取水する桃木《もものき》川は前橋藩の川であったため、前橋藩は容易に首を縦に振らなかったが、武尭は粘り強く交渉を進めて許可を得ることができた。武尭の功績も大きいが、用水の責任者の一人で前橋藩から取り立てられた阿久津藤右衛門という人物が前橋藩領内の村人との斡旋にあたったことや、伊勢崎藩が前橋藩の支藩であったことも許可の大きな要因であると考えられる。

八坂用水は「苦心惨憺三年」もの期間を計画に要し、数カ月の期間を工事に費やした結果宝永三年に完成した。だがいくら用水を開削したとはいえ、水が周辺の村に行き渡らなくてはまったく意味をなさない。通水の成功こそが本当の工事の完了であった。通水当日、武尭は用水には顔を現さなかった。彼は自分の菩提寺である善応寺《ぜんのうじ》で死に装束を着て通水の完了の知らせをじっと待っていたのだ。通水が失敗した場合、武尭は責任をとって切腹するつもりだったのである。しばらくして現れた使者から通水の成功を聞いた武尭は、あまりの嬉しさにその場で死に装束のまま舞を舞ったと伝えられている。

　用水は藩領のうち佐位郡を潤すことになり、文化三年（一八〇六）時点では一五五町余りの水田を灌漑したという。加えて、笂井村・増田村・二ノ宮村などの前橋藩領の村々も灌漑した。八坂用水は大正十三年（一九二四）に延伸されて佐波新田用水と名前を変え、現在も利用されている。だがこの時に八坂大樋は取り壊されてしまって現存しない。

　その後の武尭の業績についてはほとんど記録に残っておらず、享保十八年（一七三三）に没した。墓は用水の完成の知らせを待った善応寺にある。大正七年には、伊勢崎への多大な功績を認められ、政府から従五位《じゅごい》の官位が贈られた。

関当義《せきまさよし》―噴火の被害とそれに苦しむ民衆に向き合った名家老―

天明の浅間山大噴火の被害を受けた伊勢崎藩で、庶民の救済に尽力した父子が

小畠武尭の墓

佐波新田用水

いる。当時年寄（家老）であった父の当義と、番頭であった子の重疑《しげたか》である。

関家は伊勢崎藩の成立時から初代藩主の忠寛に従い、四百石の知行高を持った家柄である。当義は享保十八年（一七三三）に生まれ、宝暦四年（一七五四）二十一歳の時に家督相続して年寄役を命じられた。ただし、本格的に年寄としての職務を開始したのは宝暦十三年のことであった。当時、藩は財政事情が悪化していた時期で、当義をはじめ年寄衆にとって先がまったく見えない状況であった。それに加えて忠温が藩主に就任した年でもあったため、その代替わりの費用も余計にかかった。このような中で当義は、明和七年（一七七〇）に財政再建策として「定用簿」を作成した。これは無駄な出費を省くために作成した一種の歳入歳出管理簿であり、後世に至るまで規範とすべきように定められたものであった。

だが、この再建策は伊勢崎のみを対象にしたもので、より出費が嵩む江戸屋敷には適用されないものであったため、あまり成果は上がらなかった。そこで、安永三年（一七七四）に江戸詰の年寄速見《はやみ》正英《まさひで》とともに忠温に直訴して、江戸も含めた藩全体での藩政改革を実行することになる。この改革は綱紀粛正を目標としたもので、まず藩主に取り入る家臣を追放した。次いで藩士の気持ちを学問に向ける必要性から、藩校の学習堂を創設した。学習堂には当初から江戸で評判があった儒者を招いて教育を行い、有能な人材づくりを促進しようとした。学習堂の創設は後々まで続く伊勢崎における教育振興策の発端となった。

安永九年に江戸詰の速見が亡くなったため、当義が年寄筆頭となった。当義は藩政の最高指導者になったのである。年号が天明に改まると、伊勢崎では相次いで火事が発生した。天明元年（一七八一）には八軒町《はっけんまち》・片町《かた》・新町の四七軒が焼け、翌年には新町と片町で四九軒がそれぞれ一時に焼ける火事があった。当義はその度ごとに普請金を貸し与え、家屋の再建の援助を行った。

これをはるかに上回る大災害が天明三年の浅間山大噴火である。伊勢崎には七月二日から八日まで灰が降り、領内の各地が灰に埋もれてしまった。それにとどまらず、利根川では大洪水が発生して、近隣の那波郡の村々が大きな被害を受けた。当義は自ら柴町《しば》周辺の視察を行い、庶民の救済のための施策を練っていった。同時に江戸にいる藩主忠温に現状を伝えたところ、窮民救済の施策について一切を委任する旨を命じられた。こうして当義は次々と指示を出していくことになる。

有能な部下の働きもあり川から火山灰や泥を取り除くための大規模な川浚いも成功し、周辺の藩では庶民の暴動が起こる中で伊勢崎では一つも発生しなかった。当義がこの年の年貢の免除を認めたことの潔さが好影響を及ぼしたものと考えられる。また、米穀が値上がりした際にも適切な値段で売買をするよう命じ、庶民の不満の根源に積極的に向き合った。これらの政策が庶民の苦しみを深く配慮した当義の仁政である。

天明八年十月に当義は年寄筆頭の職を辞し、隠居した。年寄筆頭の在任期間は

関当義・重嶷の墓（同聚院）

僅か八年間であったが、この間の当義の活躍に匹敵できる年寄は伊勢崎藩史上存在しない。

隠居後の当義は譲斎《じょうさい》と号し、漢詩や俳諧を嗜んだという。もともと儒学だけでなく文芸に対しても造詣が深かったため、伊勢崎の中でも最も早くから詩作に臨んでいた人のようである。俳諧では亜白《あはく》と号した。

文化元年（一八〇四）八月十四日に死去。墓は同聚院にあり、伊勢崎市の指定史跡になっている。

関重嶷《せきしげたか》─父の威光に頼らず、謹厳実直な政治を実行した万能人─

関当義の事績を詳しく述べたので、息子の重嶷についても詳しく紹介しよう。重嶷は父の意を受けて職務を十分にこなした存在で、伊勢崎藩における功績が計り知れない人物であるからだ。

重嶷は宝暦六年（一七五六）に生まれ、同十三年には僅か八歳で近習となる。この頃にはすでに父当義が年寄衆の一人となっていたが、その父を重嶷は早くから手助けした。例えば定用簿が作成された明和七年（一七七〇）の財政改革、安永三年（一七七四）に学習堂が設立された時には学習堂の学頭になった。

浅間山の噴火では番頭格として領内の被災地を積極的に視察し、噴火による土砂で覆い尽くされた広瀬川の浚渫《しゅんせつ》を幕府主導の形で実現させた。重嶷には何事に対しても率先して行動する姿勢が備わっていて、年寄にふさわしい能力や精神を早くから身につけていたといえよう。関家といえば藩内でも格式が一番高い家で、大げさに言えば重嶷は何もしなくても年寄になれる身分であった。だが、重嶷は親の格式に頼ることなく、年寄にふさわしい経験を積んでいったのだ。

天明八年（一七八八）に家督を相続し、早速年寄衆の一人になった。寛政九年（一七九七）には年寄の筆頭になる。この時四十二歳になっていた。文化二年（一八〇五）から同七年までは在職のまま江戸詰を命じられる。この間に自らが学んでいた儒学を中心に据えた教育振興政策を推進し、藩内の各地に庶民教育を普及させた。この頃につくられた郷学には重嶷自身も視察に出向いている。

儒学に基づく教育の振興や倹約を主眼にした藩政を担った重嶷だったが、文化十年に突如として蟄居《ちっきょ》★を命じられる。十六年勤めた年寄筆頭の役職を取り上げられ、その後十八年もの間蟄居を強いられることになったのだ。あれほどまでに功績のあったはずの重嶷がなぜ罪を被って罷免されたのか、その理由はいまだに分かっていない。

重嶷が許されるきっかけになったのは天保二年（一八三一）に七代藩主忠恒が就任して、その年に伊勢崎へ国入りしたことであった。この時に重嶷は忠恒から直々に謁見を許され、そば近くまで召された。そして、長年の慰労の言葉とともに白紬《つむぎ》・羽織・茶菓を賜った。重嶷にとっては罪が許された以上に感激の出来

▼蟄居
武士や公家に対して科せられた刑罰で、一日中門の外へ出ることを許さず、家の一室に謹慎させられること。

事であったに違いない。彼はその後度々忠恒に召されることになる。

重嶷が許されたことで、この時期不遇であった名門の関家が藩政に復帰することになった。息子の重邑《しげさと》には二十石が加増され、年寄衆に加えられるとともに、孫の重暉《しげあき》は忠恒の江戸出府に従って江戸詰が命じられた。

関家の藩政復帰を見届けた六年後の天保八年十二月、重嶷は八十一年の生涯を閉じた。墓は父も葬られた同聚院で、父の横で静かに眠っている。

常見浩斎《つねみこうさい》―逆境にめげず学問に励み、伊勢崎の教育振興に尽力した勤勉家―

伊勢崎の学問振興に大きな役割を果たした者に常見浩斎がいる。浩斎は延享三年（一七四六）に境町で生まれ、名を一之《かずゆき》という。十四歳で父の後を継いで藩の役人になり、その後は勘定見習や元締などに就任し、順調に昇進していった。

天明三年（一七八三）の浅間山大噴火に際しては大変取鎮方《たいへんとりしずめかた》の下役となり、浦野神村★の部下として積極的に庶民の救済にあたった。同時に『天明浅嶽砂降記《てんめいせんがくすなふりき》』を著したが、これは浅間山大噴火の被害の様子を克明に記したもので、現代においても防災の観点から大変貴重な史料といえる。この間に並供番に進み、天明四年には中小姓の格式と代官副役《そえやく》の役職を得た。

天明六年には格式が下がって徒士格となったが、この年に学校肝煎の役職についた。これは学習堂の責任者のようなもので、彼はもともと浦野神村の下で儒学

▼浦野神村
延享元年（一七四四）―文政六年（一八二三）。名は知周。樋越出身の儒者で、藩校学習堂の教授となる。また、江戸屋敷の藩校信古堂の奉行も務めた。郷学嚮義堂を創設した。

を修めていたため浩斎にはうってつけの役職であったことであろう。浩斎がこの役職についていた時期は、神村と浩斎が古くからの師弟関係をもとに積極的に儒学に基づいた藩政を伊勢崎に根付かせようとしていた。

ところが、二人の方針を堅苦しいと感じた者があったのだろうか、神村は藩政を乱したとの理由で寛政八年（一七九六）に永暇《えいいとま》を命じられる。この時浩斎も職を追われ、二人とも江戸に出ることになった。浩斎は五十一歳にして浪人となってしまった。逆境にも決してめげることなく、神村と浩斎はそれぞれ私塾を開いて子どもたちに学問を教え、夜には小松原醇斎《こまつばらじゅんさい》の信古堂《しんこどう》でさらに学問を深めた。浩斎は神田の小川町に居を構えたのだが、これは信古堂が駿河台にあったためだろうか。浩斎は藩の役職を辞めたら学問に関わって生きようと常に考えていたのかもしれない。

十年の江戸での生活の後、文化三年（一八〇六）に中小姓の格で江戸屋敷での学問教授として藩の役人に復帰する。翌四年には給人格で代官となり、伊勢崎に里帰りした。さらに文化五年には学習堂の学頭も兼任することになる。この年に藩では最初の郷学である五惇堂が設立されたこともあり、浩斎の復帰は、伊勢崎での学問振興政策が再開されたことを象徴する出来事となった。文化十二年には各地の郷学の世話役を命じられ、積極的に郷学を視察して学問振興に努めた。郷学の視察は文政二年（一八一九）に七十五歳で隠居するまで欠かさず行い、隠居

長光寺

▼福田宗禎
寛政三年（一七九一）―天保十二年（一八四一）。高野長英に蘭学を学び、故郷の吾妻郡で医者を開業した。

▼種痘
天然痘の予防接種のことで、一七九六年にイギリスの医師ジェンナーによって考案された。

に際しては三人扶持を賜った。

　隠居から十六年経った天保六年（一八三五）に浩斎は九十年の生涯を閉じた。隠居後の様子は記録に残っていないが、彼ほどの人間が十六年という長い月日を学問に費やさなかったことはあり得ないであろう。墓は境町の長光寺《ちょうこうじ》にある。

村上随憲《むらかみずいけん》―長英を匿い、種痘を行った上州初の蘭方医―

　江戸時代後期の上野国《こうずけのくに》には「西に宗禎《そうてい》、東に随憲」と賞賛された二人の蘭方医がいた。宗禎は沢渡《さわたり》の福田宗禎★、随憲は境町の村上随憲である。随憲は上野国では最も早く西洋医学を取り入れた医者であるだけでなく、種痘《しゅとう》★にもいち早く取り組んだ。人々に名医として賞賛されただけでなく、蛮社《ばんしゃ》の獄《ごく》★で弾圧された高野《たかの》長英《ちょうえい》★の逃亡を援助した人物でもある。そこで、長英よりも長く鳴滝塾《なるたきじゅく》★で学びオランダ語にも堪能でありながら、ほとんどその業績が埋もれてしまっている村上随憲を紹介しよう。

　随憲は寛政十年（一七九八）、武蔵国久下村（現・埼玉県熊谷市）に四人兄弟の二男として生まれた。文化十二年（一八一五）、十八歳になった随憲は江戸に出て、日本初の西洋内科医である加賀藩の吉田長淑《ちょうしゅく》★に入門。長叔のもとでオランダ医学を学びつつ、読書で得た治療法を常に実検するという日々を九年間続けた。この頃、随憲はもともと名乗っていた菅谷から村上という姓に改めた。これは、随

▼**蛮社の獄**
天保十年（一八三九）五月、モリソン号事件に伴い幕府の政策を批判した高野長英、渡辺崋山らの蘭学者が処罰された事件。

▼**高野長英**
文化元年（一八〇四）―嘉永三年（一八五〇）。陸奥国水沢生まれの医者、蘭学者。『戊戌夢物語』を著し、幕府の鎖国政策を批判した。最期は江戸青山に潜伏しているところを捕えられ、自刃した。

▼**鳴滝塾**
文政七年（一八二四）にシーボルトが長崎郊外に設けた私塾で、診療所も併設した。五十人以上の者がここで学び、全国各地で蘭学者や蘭方医となった。

▼**吉田長淑**
安永八年（一七七九）―文政七年（一八二四）。日本初の西洋内科医。江戸で蘭学を学び、加賀藩から招聘を受けて藩主の治療を行った。

▼**村上義光**
？―元弘三年（一三三三）。鎌倉時代末期の武将。護良親王に供奉した九名の忠臣のひとり。元弘三年鎌倉幕府軍が吉野山に迫る中、護良親王を落ち延びさせるために身代わりとなって自刃した。

憲自らが鎌倉時代末期の武将村上義光《むらかみよしてる》★の後裔を称したからである。随憲の皇室尊崇は父親譲りで、実際に彼は毎朝御所に向かって拝礼することを欠かさなかった。

文政六年（一八二三）八月、長崎にシーボルト★が来日し、出島のオランダ商館医となった。これを聞いた随憲は翌年長崎に向かい、鳴滝塾に入門する。入門にあたっては丹波篠山藩医の湊長安《みなとちょうあん》★に紹介状を書いてもらった。シーボルトの下でさらに医術とオランダ語の修得に邁進したが、その期間は五年に及んだ。この頃、大抵の医者は約二、三年の修業で開業していたことを考えると、長叔の下での修業期間も含めて随憲の修業がいかに長期にわたっていたかが分かる。

ところで、文政八年には高野長英が鳴滝塾に入門し、随憲との交流が始まった。長英は随憲よりも六歳年下で、鳴滝塾で学んだのは三年足らずであった。しかし、その後も交流は続き、随憲はオランダ医学書の入手を度々長英に依頼している。後には、長英が中心となって結成された尚歯会《しょうしかい》★にも随憲が加わった。

西洋医学の知識を修めた随憲は文政十一年に故郷久下村に帰郷し、母方の実家である中山道の本庄宿で開業した。その後すぐに伊勢崎の女性産科医である高川《たかがわ》磯《いそ》★の長女との縁談があり、結婚。同時に境町の名主からの強い薦めがあり、境宿に医者を開業した。場所は飯島本陣の東隣であった。彼の治療は、癌や結核といった当時不治の病に侵されていた患者に対しても懇切丁寧な処置を行うものであったため、多くの人々の信頼を得て治療を求める患者が後を絶たなかったという。

▼シーボルト
一七九六―一八六六。ドイツの医師、博物学者。文政六年（一八二三）に長崎に来航し、オランダ商館医となる。シーボルト事件で追放されるが、安政六年（一八五九）に再び来日を果たした。

▼湊長安
天明六年（一七八六）―天保九年（一八三八）。陸奥国生まれの蘭方医。吉田長淑の門弟で、江戸に参府するシーボルトに随行した。後に丹波篠山藩医となった。

▼尚歯会
高野長英、渡辺崋山、江川太郎左衛門、小関三英らの学者、官僚などが集まって発足した組織。もともとは飢饉対策を講ずるために結成され、水野忠邦もこの組織の知恵を借りようとしていた。だが、これが災いして鳥居耀蔵に目をつけられて弾圧された。

▼高川磯
天明四年（一七八四）―文久元年（一八六一）。伊勢崎の女医のさきがけ。夫に先立たれたため、晩年になって医学を修め産術によって千人以上の命を救った。

境町に開業した後も随憲と長英との交流は続いた。天保二年（一八三一）十月に、長英は上野国遊歴中に境町を訪ねた。随憲宅は当時仮住居であったため、長英はすぐ近くの井上という人の家に滞在した。また、天保四年頃に長英は和訳したばかりの『チットマン』という西洋の最新医学書を二冊随憲に渡した。自宅の書斎に多くの蘭方医学書を揃えていた随憲はたいへん喜んだことだろう。

ところが天保十年、蛮社の獄で尚歯会が弾圧を受け、長英が投獄されてしまう。自分の身にも危険が迫っていることを関係者から伝えられた随憲は、武蔵国の大宮に移った。一段落の後に境町に帰ることができたが、小関三英《こせきさんえい》★や渡辺崋山《かざん》★といった多くの尚歯会の同志を失った。その悲嘆は大きく、随憲は反幕府の感情を強くしていくことになる。

弘化元年（一八四四）六月、長英は江戸の伝馬町牢屋敷を脱獄する。長英は上野国吾妻《あがつま》の蘭方医を頼って逃げ込み、しばらく滞在した。その後、境町にやってきたが、随憲の家へは訪問しなかった。随憲の家が長英の訪問先として厳重にマークされていたからである。長英は他の家から随憲に書状を送り、これを受けて随憲は長英に街道の通行料を手渡した。これが結果的に長英と随憲との最後の面会であったと考えられる。

嘉永年間（一八四八―五四）に上野国の館林で種痘が行われたが、随憲はそれ以前にすでに種痘を試みていたようである。実際に、随憲は江戸にいる蘭学者に牛

青山スパイラルホールにある高野長英隠れ家の碑

▼小関三英
天明七年（一七八七）―天保十年（一八三九）。出羽国庄内地方出身の蘭学者。岸和田藩医となり、尚歯会に参加。高野長英らの投獄を聞き、自害した。日本にナポレオンを紹介した人物。

▼渡辺崋山
寛政五年（一七九三）―天保十二年（一八四一）。三河田原藩の家老、画家。『慎機論』を著し、幕府の鎖国政策を批判。蛮社の獄で処罰され、田原で謹慎となったが、藩に迷惑が及ぶことを恐れ切腹した。

痘を送るように依頼している。ところが、種痘は境町では十分に普及しなかった。牛痘の入手が当時は困難であったのと、治療法の信頼度がまだ低かったことが原因であった。

安政元年（一八五四）頃、五十歳を過ぎた随憲は征病《せいびょう》余暇《よか》黌楼《こうろう》を設立し、地元の者たちに医術と学問を教授した。ここには医術を学ぶ者だけでなく、過激な尊王攘夷思想を唱える者も集まって国事を談じた。この中には文久三年（一八六三）に京都に上洛した浪士組に参加した者も多い。

このように随憲の周囲には過激な思想を持つ草莽《そうもう》の志士が集まっていたが、三男の俊平《しゅんぺい》にはかなり手を焼いていた。俊平は軽挙妄動を慎むようにという父の説得を聞かず、とうとう生野で討幕のために挙兵した。随憲は俊平の身を案じていたが、元治元年（一八六四）七月に俊平が斬首されたことを翌年まで知ることはなかった。俊平の死を知ったその年の慶応元年（一八六五）十一月に随憲は六十八年の生涯を閉じた。

上野国で最初の蘭方医、種痘の導入者、高野長英の親友、草莽の志士の庇護者。随憲には様々な側面があったが、もうひとつ重要な側面がある。それは、境島村の画家で勤王家でもある金井烏洲《うじゅう》★を医療面、金銭面で救ったことである。天保九年（一八三八）に境町一帯では疫病が流行し、烏洲も罹患して一時は生死の境をさまよった。だが、随憲の献身的な治療によって命拾いをした。その後、弘化

村上随憲の墓（長光寺）

▼金井烏洲
寛政八年（一七九六）―安政四年（一八五七）。境島村出身の画家、勤王家。谷文晁に師事し、南画家として活躍した。「赤壁夜遊図」は伊勢崎市の重要文化財となっている。

二年には多額の借金をして困窮している烏洲に三二両もの大金を即座に用立ててしている。このような随憲の助けがなければ、烏洲が画家としての活動を行うことは困難であっただろう。烏洲が亡くなった時、随憲は大いに悲しんだという。

村上家の医業は二男の秋水《しゅうすい》が継いだ。随憲の墓は境町の長光寺にある。

新井《あらい》雀里《じゃくり》―幕府に雇われ蝦夷地の開発に赴いた教育者―

江戸時代の伊勢崎藩士の中に、蝦夷地に渡った人物がいた。それが新井雀里である。雀里は文化十一年（一八一四）に生まれ、通称を固一郎《こいちろう》といった。父は広《ひろ》胖《やす》といい、物頭や大目付といった藩の役人を務めた人物であった。十三歳の時に常見浩斎のもとに入門し、漢詩文を学んだ。ここで雀里は浩斎から飯の炊き方も教わったといい、この逸話を晩年になって孫に繰り返し語ったという。天保元年（一八三〇）に郡奉行に在職中だった父が亡くなったため、翌年に十七歳で家督を相続し、十人扶持を賜った。

家督を相続した雀里は天保三年に学習堂の助教となった。ただ、この頃学習堂の教授を務めていた岡田小潜《しょうせん》という人物に軽んじられ、不遇な時代を過ごした。小潜は自らを中国の南北朝時代の詩人陶淵明《とうえんめい》★になぞらえ、常に尊大に振る舞っていたという。自らへの扱いに我慢ならなかった雀里だが、先輩に窘《たしな》められながら職務に励んだ。その後すぐに雀里は江戸屋敷勤務となった。江戸勤務の傍ら、寛

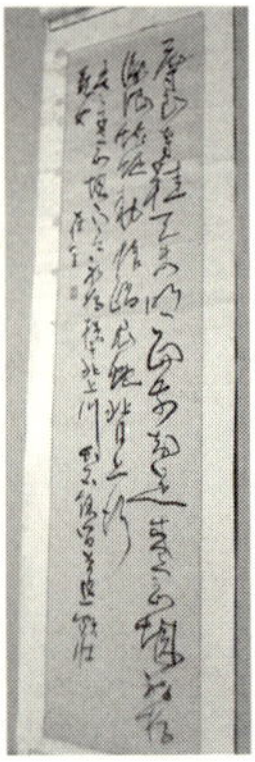
「新井雀里三行書」
（群馬県立歴史博物館蔵）

▼陶淵明
三六五―四二七。中国の南北朝時代の南朝出身の文学者。

政の三博士と呼ばれた古賀精里《こがせいり》★の三男古賀洞庵《とうあん》のもとで朱子学を学んだ。こうした江戸での努力が認められ、天保十一年には学習堂の教授となった。翌年には村士玉水が設立した江戸屋敷の信古堂で子弟に教育を施すよう命じられる。この時から江戸と伊勢崎の間を絶えず行き来しながら、教育に励んだ。

弘化元年（一八四四）に広島藩士で儒者の宮沢竹堂《ちくどう》の娘を妻に娶《めと》り、翌年に伊勢崎に帰る。しかし弘化三年には再び江戸勤務となり、信古堂で教えた。江戸には妻とともに赴任することができた。そして、嘉永元年（一八四八）に三十四歳で学習堂の学頭となった。早くから学問に精励したことで秀才と認められ、藩校のトップとなったのである。学頭となった後の約十年間雀里は子弟に尊王思想を積極的に吹き込み、頼山陽《らいさんよう》★が著した『日本外史』を教えた。このことが伊勢崎藩の重役に疎まれる結果となった。

ちょうどその頃、幕府が蝦夷地への入植を進めることになった。これは、嘉永七年の日米和親条約で箱館が開港され、安政三年（一八五六）に蝦夷地が再び幕府の直轄地となって箱館奉行所が設置されたことによる。そこで、幕府は諸藩に命じて蝦夷地入植のための役人を差し出させることにしたのである。当時江戸屋敷の留守居を務めていたのが大橋順蔵で、彼は長年にわたって留守居に在職していたことから諸藩にはとても顔が利いた。そこで大橋は雀里の蝦夷地派遣を諸藩に認めさせたのだった。雀里はいわば左遷されたのである。

▼古賀精里
寛延三年（一七五〇）―文化十四年（一八一七）。佐賀藩出身の儒学者。昌平坂学問所の儒官となる。柴野栗山・尾藤二洲と合わせて寛政の三博士と呼ばれる。

『日本外史』
（国立国会図書館蔵）

▼頼山陽
安永九年（一七八〇）―天保三年（一八三二）。大坂生まれの歴史家、思想家。源平合戦から徳川に至るまでの武家盛衰史を『日本外史』として著し、尊王攘夷運動に大きな影響を与えた。

かくして安政五年、箱館奉行御雇《おやとい》となった雀里は関東や越後から募った農民一〇五人を率いて蝦夷地に上陸した。開墾場所は山越《やまこし》郡長万部《おしゃまんべ》（現・北海道山越郡長万部町）の紋別《もんべつ》、栗《くり》の木岱《きたい》、二股《ふたまた》、静狩《しずかり》の四カ所であった。だが、一〇五人の中には無宿者などが相当数集まっていて成果は上がらなかった。そもそもこの地域は地味が悪く、稲作が振るうことは見込めなかった。なかなか開墾の成果が上がらないことにいら立った箱館奉行の竹内保徳《たけうちやすのり》★は、雀里を詰問した。これに対し雀里は、「一〇五人のうち何人かは離散したが一人も帰国せず、各自適した生業についている。それこそ拓殖の目的に添っているではないか」と反論して保徳に何も言い返させなかった。しかし、幕府は当初からこの開墾計画に本腰を入れていなかったようで、二、三年後には雀里らへの援助を打ち切った。その結果一〇五人は離散し、この地域に残った者は僅か五人になってしまった。

その後も雀里は蝦夷地と伊勢崎の間を行き来して蝦夷地の開墾に従事するが、慶応三年（一八六七）に徳川慶喜《とくがわよしのぶ》が大政奉還《たいせいほうかん》を上表。翌年には旧幕府軍と新政府軍との間に戊辰戦争が勃発した。明治二年（一八六九）五月に五稜郭の戦いが勃発したが、雀里は旧幕府軍の榎本武揚《えのもとたけあき》★とともに最後まで新政府軍に抵抗し、降伏した。伊勢崎藩が新政府軍に恭順の意思を表明してからすでに一年が経過していたが、雀里は幕府の雇い役人として箱館に赴いた義理を貫いたのであろう。雀里は一時新政府軍に捕縛されるが、やがて赦免されて箱館の秤座《はかりざ》★に勤務した。明

▼竹内保徳
文化四年（一八〇七）―慶応三年（一八六七）。旗本で、官職は下野守。勘定吟味役や海防掛を歴任し、安政元年（一八五四）に箱館奉行となる。文久元年（一八六一）には勘定奉行兼外国奉行としてイギリスへ向かい、新潟・兵庫の開港を五カ年延期させた。

▼榎本武揚
天保七年（一八三六）―明治四十一年（一九〇八）。幕臣、外交官、政治家。戊辰戦争で旧幕府の海軍を率いて蝦夷地を占領したが、五稜郭の戦いに敗れて降伏。その後、明治政府に出仕して外務大臣、農商務大臣等を歴任した。

▼秤座
江戸時代に幕府の認可を得て秤の製造、頒布、検定、修繕等を行った座。

治三年に横浜と東京を経て、伊勢崎に帰還した。

伊勢崎では学習堂には戻らず、藩の職にも就かなかった。雀里は富岡の貫前《ぬきさき》神社で権宮司《ごんぐうじ》となったが、三年余り務めた後に伊勢崎に戻っている。伊勢崎に帰った雀里は自宅の一隅で、子弟の教育にあたることに決めた。こうして明治十三年に南淵塾《なんえんじゅく》がつくられ、元伊勢崎藩領の内外から数百人の子弟が集まった。その中には、民族や考古学の研究家として名高い相川之賀《しが》、伊勢崎町長を務めた星野源左衛門、北海道岩見沢村長・町長・市長を務めた高柳広蔵《たかやなぎひろぞう》、唯一の女子でその後女子教育に従事して後の関東短期大学の前身を創設した松平濱子《はまこ》などがいた。彼らが明治・大正期に政治・学問・教育の面で活躍したことは、雀里にとって最大の功績であろう。

晩年は子弟に教育を行いつつ、来日していたロシア正教の宣教師からロシア語を学び、その見返りに日本語と漢籍を教えたという。また、日清戦争の直前には朝鮮半島北部を視察したという。朝鮮に渡ったのは七十から八十代であったと思われ、高齢になってもかなり活動的であった。明治三十三年二月、雀里は自宅で八十七年の波乱の生涯を閉じた。墓は伊勢崎市の善応寺にある。

酒井仲《なか》―藩主の三男にして伊勢崎を代表する風流人―

酒井仲は伊勢崎藩主忠温の三男として明和七年（一七七〇）に生まれた。諱《いみな》は

松平濱子
（松平浜子先生喜寿祝賀会編『折にふれて』より）

忠輔《ただすけ》という。三男であったために江戸屋敷で生活したが、本家姫路藩酒井家の養子となった。しかし、武家の厳格な生活になじめず風流三昧に過ごしたため、姫路藩を追い出された。その後、姫路藩酒井家第二代藩主酒井忠以《ただざね》★の弟酒井抱一《さかいほういつ》★から俳諧、狂歌、作画を学び、江戸一流の文化人たちと広く交流した。抱一からはたいへん気に入られたようで、狂歌では尻焼猿人《しりやけのさるんど》という号を譲られた。

また、茶道は父忠温から大いに学び、父を超える腕前になったようだ。寛政十三年（一八〇一）に父が亡くなった後は、父の墨水庵の号を継いで墨水庵二世と号した。墨水庵とは伊勢崎藩の江戸本所屋敷にあった茶室の名前で、ここでの茶道は仲の時に全盛期を迎えた。仲は出雲松江藩第七代藩主松平不昧《ふまい》★を墨水庵に招き、自身の腕前を示した。不昧は茶の名人として知られ、自ら不昧流を確立したことで有名だ。こうした藩主との茶を通しての交流は、殿様の息子であった仲ならではのものだろう。

晩年は剃髪して宗一と改め、伊勢崎で過ごした。万葉亭古調という号も残る。伊勢崎では庶民との交流を楽しみ、揮毫の求めにも積極的に応じた。文政十三年（一八三〇）に六十一歳で亡くなり、同聚院に葬られた。

▼酒井忠以
宝暦五年（一七五五）―寛政二年（一七九〇）。姫路藩酒井家二代目藩主。

▼酒井抱一
宝暦十一年（一七六一）―文政十一年（一八二八）。酒井忠以の弟で、絵画や俳諧、狂歌に優れた作品を残した人物。江戸琳派の祖。

▼松平不昧
寛延四年（一七五一）―文政元年（一八一八）。松平治郷。出雲松江藩第七代藩主。藩政では倹約を行い、財政改革を成功させる。自ら不昧流を創設した優れた茶人であったが、高価な茶器の購入で散財したため一度立て直した藩財政が再び悪化した。

これも伊勢崎

伊勢崎の名所①

華蔵寺《けぞうじ》公園（伊勢崎市華蔵寺町一）

北関東最大の観覧車が目印の公園。遊園地は家族連れで賑わう。日本初の水上ジェットコースターも人気。ハナショウブの名所でもある。名前の由来となった華蔵寺は、貞観十四年（八七二）に天台宗寺門派の祖で、滋賀県の三井寺を再興した円珍によって建立された天台宗の寺院。

華蔵寺公園

島村渡船（伊勢崎市境島村）

伊勢崎市境島村で住民の便のために運航されている渡船。無料で乗ることができる。毎年五月には「島村渡船フェスタ」が開催される。島村の田島弥平旧宅と併せていかがだろうか。

国定忠治の墓

（善応寺　伊勢崎市曲輪町一〇—一一）

（養寿寺　伊勢崎市国定町一—一二四七）

伊勢崎市には国定忠治の墓が二カ所あり、曲輪町の善応寺と国定町の養寿寺にある。忠治は国定村出身の侠客で、芝居や映画のモデルになった伊勢崎市ゆかりの人物である。

国定忠治の墓（善応寺）

いせさき明治館

（伊勢崎市曲輪町三一—四）

もともと伊勢崎藩医を務めた今村家が明治四十五年（一九一二）に建造した、県内最古の二階建て洋風医院建築物。昭和五十九年（一九八四）まで診療所として現役であった。現在は無料で内部が公開されている。

いせさき明治館

これも伊勢崎

伊勢崎の名所②

あずま水生植物公園

（伊勢崎市東小保方町三三〇〇）

ハナショウブやカキツバタといった水生植物を静かに観賞できる公園。カキツバタが見頃の六月中旬には水生植物公園まつりが開催される。

女堀と赤堀花しょうぶ園

（伊勢崎市下触町二二三）

初夏には白や紫といった二万四〇〇〇株のハナショウブが咲き乱れる。女堀は十二世紀中頃に開削された農業用水路の跡。総延長一二・七五キロメートルに及び、国の指定史跡となっている。

相川考古館 （伊勢崎市三光町六—一〇）

伊勢崎町の金物商の家に生まれた相川之《し》賀《が》（一八六六—一九五〇）が収集した考古資料を展示している。かつての金物倉庫としての土蔵には、埴輪や土器などの考古資料や之賀が渡米した際に収集したカナダ先住民に関する資料が展示されている。

もともとこの考古館は伊勢崎町の脇本陣で、江戸時代の建物も残っている。その中で茶室「鶲華庵《しょうかあん》」は文久元年（一八六一）に完成したもので、県指定重要文化財。この茶室は一般にも開放している。

金物倉庫内には藩校学習堂の屋根の破風《はふ》部分が保管されている。

鶲華庵

伊勢崎市民の森公園

（伊勢崎市山王町二六六三）

伊勢崎市民の森公園

伊勢崎市の郊外にあり、子どもから大人まで多目的に利用できる公園。人工の岩場から噴出する水と触れ合える「快《かい》の広場」は家族連れでいつも賑わう。他にも雄大な赤城山・榛名山・妙義山を見渡すことができる「くさぶえの丘」、利根川を模してつくられた「坂東太郎」といった目玉スポットが盛りだくさんだ。バーベキュー専用のスペースもあり、レジャーにも最適だ。公園の面積は一三・九ヘクタールとかなり大きいので、公園内を散策するとあっという間に時間が経ってしまう。

第三章 浅間山大噴火を乗り越える——関当義・重嶷父子の活躍

未曾有の大災害を克服し、伊勢崎藩全域に広まった教育熱の高まり。

1 浅間山大噴火と伊勢崎の被害

浅間山大噴火は当初から苦しい財政状況であった伊勢崎藩が直面した最大の危機であった。周辺諸藩での打ち壊しが波及する危険が迫る中、有能な役人の活躍によって復興が行われた。その政策は当時の人々から仁政と称《たた》えられた。

伊勢崎藩史上最悪の災害

天明三年（一七八三）に発生した浅間山大噴火は、現在の群馬県周辺に大きな被害を与えただけでなく、天明の飢饉をさらに悪化させるなど幕政にも大きな影響を及ぼした災害である。伊勢崎藩も大きな被害を受けたが、伊勢崎にとってはその後の方向性を決定づける重要なポイントとなった。それでは伊勢崎藩は浅間山大噴火をどのように乗り切ったのか。

まず天明三年の浅間山大噴火の経過と伊勢崎に及ぼした被害について簡単にまとめておこう。この年に入って約一カ月おきに小噴火と小康状態を繰り返していた浅間山であったが、六月二十七日になると噴火と爆発を毎日繰り返すようになった。二十九日と七月一日には伊勢崎に灰が少し降るようになるが、その後は小

木曽街道六拾九次第四支蘇路ノ駅浦和宿浅間山遠望（国立国会図書館蔵）

康状態になった。しかし、七月五日には灰が大雨のように降り、六日から八日まで三日間にわたり噴火した。

伊勢崎では八日まで大量の灰が降り注ぎ、笠を被り、傘を差し、合羽をまとった状態で外出しなければならなかった。また、日中でも夜のように暗いため外出時には提灯を持ち、家の中では行灯を使ったという。

噴火による被害はむしろこの後が甚大であった。噴火による大量の噴出物が土石流となって利根川に流れ込み、その泥流が利根川本流の江戸川にまで流れ込んだのである。伊勢崎でも泥流によって民家や巨木、人や家畜の遺体が流れ着き、目も当てられない状況であった。なかでも那波郡に属する地域の被害は深刻で、特に柴町《しばまち》では泥が膝丈まで、多い場所では軒の高さまで積もりほとんど歩けない状態になり、被害の実態をつかむことも困難であった。そのため集落自体も移転せざるを得なくなり、倭文《しどり》神社★が伊勢崎市東上之宮町の現在地に移転した。泥流は田を潤す用水にも流れ込んだため田は耕作不能になった。

非常に深刻な状況であったが藩主の忠温《ただはる》は江戸に出府中であったため不在だった。伊勢崎の復旧は年寄の関当義《まさよし》が指揮を執ることになり、十四日に忠温から全権を委ねられた当義は、早速伊勢崎の復旧のための行動を始めた。

浅間山の噴火を報じた瓦版「浅間山噴火」
（東京大学図書館蔵）

倭文神社

▼倭文神社
伊勢崎市東上之宮町にある神社。主祭神は倭文神と呼ばれる機織り、養蚕の神である。

藩の重役による被災地の視察

七月九日、降灰が落ち着いたこの日に当義は息子で番頭《ばんがしら》格の重凝《しげたか》や郡奉行の石原長兵衛《ちょうべえ》・大目付の伊丹城市兵衛《いばらきいちべえ》を伴い柴町を視察した。そこでは悲嘆にくれる領民から直に声を聴く機会があった。ちょうど地方奉行の伊与久政明《いよくまさあき》も柴町に来たので、竹を切って筏《いかだ》状にして応急的に通路を設けるよう当義は命じた。地面が泥や砂に埋もれており、通行がまったくできなかったためである。これによって泥によって孤立した人々や、家の中で身動きがとれない人々を救出した。柴町はこの時の降灰で田が、泥流で家が壊滅していた。加えて行き場を失った川の水が人家に流れれば洪水となり、二次災害が発生する危険があった。そのため事は急を要した。

藩は被災者に対して麦を半俵から一俵、家作金を三分ずつ支給し始めた。また、泥流によって流れてきた遺体を埋葬し、藩の費用で供養した。今日でも伊勢崎のいくつかの場所に供養塔が残っている。

十三日、重凝と郡奉行の石原が蓮沼《はすぬま》地域に赴いた。この地域には泥が堆積した韮川《にらがわ》が流れていた。彼らは現地で筏を組み、自ら進んで韮川の浚渫《しゅんせつ》★を始めると、これを見た領民も揃って川の浚渫を始めた。しかしながらこの浚渫は費用の面で

戸谷塚町浅間山噴火供養塔

▼浚渫
川の水中にある土や泥をさらい、取り除くこと。

大きな問題が生じていたため、重嶷は幕府直轄の浚渫ができないか模索した。

復興の担当者たち

十五日までに復興を担当する者たちの陣容が整えられた。まず十四日に当義の相談役として江戸から小松原醇斎《じゅんさい》と磯田邦光《くにみつ》が到着した。十五日には浦野神村《しんそん》を窮民取鎮方《きゅうみんとりしずめかた》に、その副役《そえやく》に常見浩斎《つねみこうさい》が当義によって命じられた。小松原醇斎は江戸生まれの儒者で山崎闇斎《あんさい》★の学派に属し、村士玉水の門下であった。もともと醇斎は玉水と同輩であったのだが、玉水との激論が絶えず一度玉水から決別を宣告されている。しかし、醇斎は玉水のもとから離れることを悔やんで後に門下となって玉水のもとに戻った。

醇斎は浅間山大噴火の八年前の安永四年（一七七五）、伊勢崎最初の藩校である学習堂の教授として伊勢崎に二年間滞在した経験がある。彼を教授に推薦したのが玉水であった。醇斎の教授在職中の安永五年に玉水が亡くなった。醇斎は江戸へ赴き師匠の最期を看取っている。少し脇道にそれてしまったが、醇斎は伊勢崎のことをよく知る人物であった。

浦野神村は江戸に勤務した宝暦十二年（一七六二）頃、玉水の門下に入った。それだけでなく関重嶷も明和の末頃に玉水の門下となった。加えて常見浩斎は神

▼**山崎闇斎**
元和四年（一六一九）～天和二年（一六八二）。儒者、神道家。会津藩主保科正之の師となる。垂加神道を創始した。

常見浩斎の墓（長光寺）

村と醇斎の門下に入っていた。復旧を担当する藩の役人たちはほとんどが、村士玉水・小松原醇斎という儒者の系統に属する者たちであった。醇斎が相談役となって助言することは何の支障もないことであっただろうし、同じ思想を持つ者たちが指導を行うことで意見が一つにまとまりやすかったものと思われる。

田畑の砂抜き

さて復旧活動の方はというと、七月十六日に田の砂抜きが始まった。この砂抜きに関して藩は七月に二回と、九月に一回触れを出している。それによれば、田の砂は収穫後ただちに抜くこと、畑の砂抜きはそれぞれの判断に任せる、麦を裏作とする田は早々に砂を抜くようにと命じている。この触れには命令だけでなく、領民の苦労を慮って砂抜きの度合いによって褒美を与えることも書かれている。

これに対して領民からは、役所における夫役《ぶやく》の免除、秋年貢の免除、十部一《じゅうぶいち》、麦《むぎ》と大豆の納入五カ年免除、役人が村への出張をやめること等の願書が出された。特に役人の村への出張の際は食事や茶を村が用意しなくてはならず、案内等も村役人がしなくてはならない。そうなることで砂抜きがはかどらないことを村役人は心配していたのであろう。これに対しての返答で藩は、役人の出張の際には村での接待や案内等は必要ないので砂抜きを最優先に行うよう命じている。

関重嶷の直談判

砂抜きの方は順調に進んだが、河川の復旧は一向に進まなかった。そのため幕府による浚渫が何としても必要であった。ちょうど九月に幕府による検分が行われることになったため、当義はそのタイミングを利用することに決めた。

九月七日、幕府の勘定吟味役根岸鎮衛《しずもり》★一行が平塚河岸《ひらづかがし》に到着し止宿した。ちなみにこの根岸は下級旗本の三男という立場から御家人株を買って身を起こし、後に佐渡奉行・南町奉行と累進を重ねたことで有名な根岸鎮衛である。河川改修や普請を得意とした人物だったので、こうした検分にはふさわしい。この日当義は神村を派遣し談判させようとしたが、根岸との面会すらかなわなかった。

八日に長沼村を訪れた根岸のもとに、今度は息子の重嶷を派遣した。重嶷は再三にわたり直轄普請を願い出たため、根岸を怒らせてしまう。万事休すと思われたが、一行の中にいた幕府の勘定組頭《くみがしら》の豊田友政《とよだともまさ》が幕府への取次を約束した。一カ月後、幕府直轄による浚渫が決定した。

実際に幕府による浚渫が開始されたのは十一月中旬からであった。浚渫といっても実際には五料《ごりょう》から八斗島《やったじま》村まで新たな開削だったのである。この普請には二カ月の期間を要し、二万両を費やしたといわれ、普請を担ったのは熊本藩の細

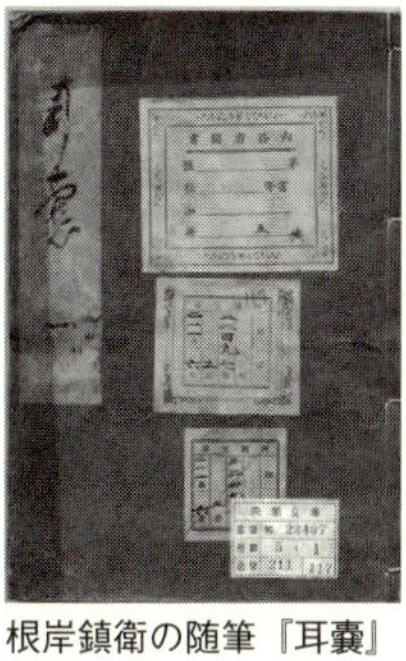

根岸鎮衛の随筆『耳嚢』
（国立公文書館内閣文庫蔵）

▼根岸鎮衛
元文二年（一七三七）～文化十二年（一八一五）。幕臣。佐渡奉行や勘定奉行を歴任し、江戸南町奉行となった。

川家だったという。ある日の広瀬川の浚渫には一日で一万七〇〇〇人もが参加したようだ。いかに大きな工事であったかが想像できるだろう。

田方年貢の免除と打ち壊しの危機

十月一日、領民の願書や現地の状況を考慮して藩はこの年の田の年貢を免除し、来年の種貸《たねかし》についても利子を免除して行うことを宣言した。この政策は領民から歓迎され、他領の領民も羨ましがったという。ある者は「田も圃《はた》も酒井（境）分《わか》たぬ沙降《すなふり》に　慈悲を駿河《するが》の守《かみ》（神）は伊勢崎」と詠んだ。「田も畑の境も関係なく火山灰が降ったのに対して、慈悲を施してくれるのは伊勢の神様である」といったところか。実際の意味は、降灰に対して慈悲を施してくれるのは伊勢崎の酒井駿河守、つまり酒井忠温だけであるということである。実際に浅間山大噴火に際して田の年貢の免除という思い切った決断をするのは伊勢崎藩くらいであった。

だがいくら年貢を免除したところで、民衆の感情は穏やかではなかったはずである。災害の際は些細な不満が急激に大きな問題となることもある。伊勢崎藩の近郷では打ち壊しが発生していた。穀物価格の高騰は伊勢崎藩においても例外ではなく、打ち壊しがいつ波及しても不思議ではなかったのである。そこで藩は十月十一日に触れを発し、①願いがあれば村役人を通して遠慮なく申し出るように、

②打ち壊しの情報を見聞きした場合は届け出るように、③穀物を余分に持っている者は相応の値段で売買するように、と命じた。また、打ち壊しに備えて武器の準備も開始した。だが、伊勢崎藩内で打ち壊しは奇跡的に一度も発生することはなかった。

伊勢崎藩で打ち壊しが発生しなかったのは、藩の指導部が朱子学者たちであり、朱子学の思想をもとに政策を立案・実行していたことにあるだろう。伊勢崎の朱子学はその後一時廃れることになるが、この時に朱子学で人々を救い争乱の発生を阻止した学者が再び伊勢崎の朱子学を復興させ、後に庶民の間にも郷学を通して朱子学を浸透させていく。

事態の鎮静化

十月二十六日、復旧作業が軌道に乗り始めたこともあり当義は江戸に赴き、忠温へ現地の状況を報告した。忠温はその場で当義に米を買い入れるように命じた。買い入れ先は宗家姫路藩である。当義は直ちに姫路藩に米の買い入れを依頼したが、実際には米ではなく粟千石余りを買い入れた。こうした円滑な買い入れが成功したのは、姫路藩主忠以が忠温の実の甥であったことが好影響を及ぼしたのではないだろうか。忠温は宗家から援助を得られることを確信、あるいはすでに約束を取り付けていたのかもしれない。伊勢崎から離れた江戸にいながら復興の指揮をした藩主忠温の存在も忘れてはならないであろう。江戸での職務を成し遂げた当義は、十一月七日伊勢崎に帰還した。

当義が伊勢崎に帰ってきた時は、間もなく幕府による浚渫も始まる頃で、田や畑の砂抜きも一段落していた。また、打ち壊しの危険性もなくなろうとしており、最悪の事態を乗り切ったという状況であった。翌八日には相談役としての功績を称《たた》え、藩が小松原醇斎に小袖一重を賜った。それだけではなく、領民に対してもその苦労を労って一〇〇文ずつ酒銭を賜った。こうして藩始まって以来最大の危機ともいうべき浅間山大噴火の被害からの復旧をひとまず乗り越えることができたのである。

当時、被害者を救済できるほどの財政的余裕がまだあったことは伊勢崎藩にとって幸運であった。ただ復旧活動の途中で財政的余裕がある者に対して「御国御《おくにご》用金《ようきん》」を差し出すように命じている。つまり、浅間山大噴火を境にして藩の財政は他人に頼らざるを得ない状態になったのである。この後、藩は財政悪化に対して藩がなくなるその時まで頭を悩ませることになるのである。

一方、関当義を中心に実行された朱子学に基づく政策は、学習堂が創設されてから十年にして教育振興政策が藩政に有用なものであることを証明した。この後、伊勢崎藩では庶民に対しても教育熱が広まることになる。

◆2 藩校学習堂──教育に求めた藩の危機の打開

苦しい生活を送る家臣の心を藩政に向かせるため、藩は家臣に学問を奨励することを思いつく。

こうして設立された学習堂は藩内の秩序維持に有益な朱子学にこだわった。

それでも、教育の衰微や教授の解任などの様々な問題も起こった。

学習堂の設立事情

四代将軍家綱の時代以降幕府でも各藩でも文治政治が推進されることになり、武士の子弟に教育を施すことで有能な人材を育成する時代が訪れた。そんな中、日本で最初につくられた藩校は寛文九年（一六六九）に岡山藩に設立された岡山学校である。その後宝暦以降になると藩政改革を行う藩が出始め、その際にも各藩は有能な人材を育てる必要に迫られた。それぞれ設立された年代は異なるものの、会津藩の日新館《にっしんかん》、米沢藩の興譲館《こうじょうかん》、長州藩の明倫館《めいりんかん》、熊本藩の時習館《じしゅうかん》、薩摩藩の造士館《ぞうしかん》などは宝暦以降につくられた有名な藩校である。

教育を通して有能な人材を育成することはどの藩でも共通して重要な課題であったが、それは伊勢崎藩でも例外ではなかった。宝暦期（一七五一──一七六四）の伊勢崎藩では農業の不作が続き、藩の借財も積み重なるばかりであった。借財の負担は家臣の給料である扶持金《ふちきん》の減少につながった。にもかかわらず、藩は家臣に対して今までと変わりなく出仕するように要求したので、当然家臣の不満は大きくなる。このように切迫した事態を打開し、家臣たちの心を藩政へ向かせるためには教育しか道がないと藩は考えたのだ。伊勢崎藩における教育振興政策の起こりは家臣の人材育成だけでなく、教育を通じた情勢の打開も目的としたものであった。

この時代、宗家はすでに前橋から姫路に転封となっていた。宗家では好古堂《こうこどう》という名前で前橋時代の元禄四年（一六九一）に藩校が創設されており、寛延二年（一七四九）に姫路に移っても好古堂は存続した。宝暦十三年（一七六三）に伊勢崎藩主となった忠温はもともと宗家の出身であり、彼自身が宗家で育った経験から伊勢崎藩にも藩校を設けるべきという思いが強まったのではないだろうか。

さて伊勢崎藩の藩校は安永三年（一七七四）、江戸上屋敷の火の見櫓を利用して成立した。教授は藩主忠温をはじめ、関重嶷・浦野神村・小松原醇斎らの師匠であった村士玉水である。この藩校は信古堂《しんこどう》といった。同じ年に伊勢崎では陣屋の東南にある空家を利用して学習堂が成立した。この時にはまだ学習堂の教授小松原醇斎は着任していなかった。教授を決めるにあたり当時江戸詰であった関当義が玉水の有能な弟子を学習堂に派遣するよう依頼した。その後重嶷が玉水を訪問した際に、玉水から誰が教授としてふさわしいかを尋ねられた。だが重疑が自分では教授となる人の優劣など恐れ多くてつけられないといったことから、玉水が醇斎を推薦して教授に決定したのである。

一貫した朱子学へのこだわり

学習堂の教育は専ら《もっぱ》朱子学のうちの闇斎学★を主体とするものであった。そもそも幕府の方針で各藩の教育では朱子学を奨励していたが、十八世紀後半になると上州出身の片山兼山《けんざん》★という人物を中心に折衷学《せっちゅうがく》★が唱えられ、その考え方が全国に広まっていた。この影響で各地の藩校でも折衷学を主体とする教育が行われるようになった。だが伊勢崎藩では最後まで朱子学にこだわった。朱子学は「父子の親・君臣の義・夫婦の別・長幼の序・朋友の信」を基礎にした礼節の学問で、封建的秩序を維持するのにふさわしい学問であった。朱子学の思想を純粋な形で説いたのが村士玉水で、玉水の思想に藩主忠温が傾倒したのだ。このため学習堂は朱子学を主体とした教育を行うことになったのである。

学習堂では具体的にどのような教育が行われていたのであろうか。生徒は武士身分の者である。武士の中にも様々な身分があったが、武士であればその点は関係なく誰でも入学可能だった。また伊勢崎藩以外の武士にも入学を許可していた。

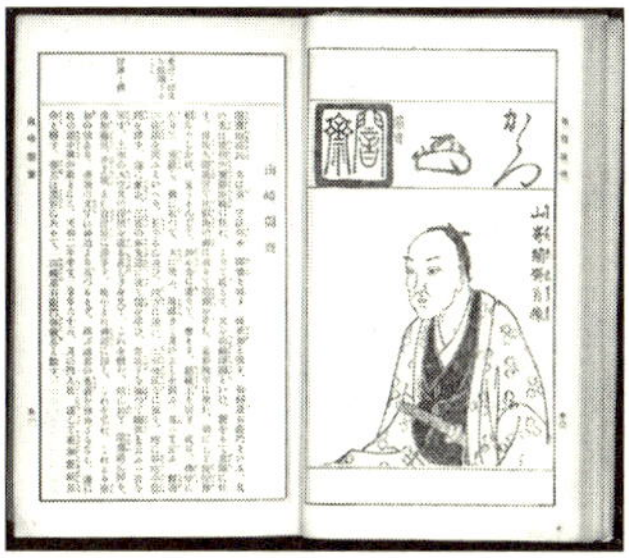
山崎闇斎『先哲像伝　近世畸人伝　百家琦行伝』有明堂書店刊
（国立国会図書館蔵）

▼闇斎学
江戸時代初期の儒学者山崎闇斎が提唱した朱子学。君臣・師弟の関係を厳しく唱えた。

▼片山兼山
享保十五年（一七三〇）～天明二年（一七八二）。荻生徂徠の門人に学ぶが、徂徠学に疑問を抱いて独自の折衷学を唱えた。

▼折衷学
儒学の一派で、古学・朱子学・陽明学などの説を折衷して穏当な説を唱えた。

入学に際しての年齢制限はなく、若者から初老の者まで幅広い武士層が学んでいた。学費は無料であった。家臣の中には陣屋の敷地内に住む者もいれば通勤する者もいたが、天保六年（一八三五）には寄宿舎もつくられ遠方の者や通学時間を惜しむ者に対する便宜が図られている。

　教育内容は第一に朱子学で、その教科書は『近思録《きんしろく》』★や『四書五経《ししょごきょう》』★であった。これらの本は各五冊ずつ学習堂に常備され、いつでも貸し出し自由であった。これは貧しくて教科書を買えない者や急遽必要になった者に対する配慮である。自主的な勉強は奨励されるものであったが、自主勉強してよい書物は前述のものと『小学』★のみであった。教科書の内容が段階的に教えられていたが、授業の段階を飛び越えて勉強することは禁じられていた。つまり予習のし過ぎを防いだのである。全国的に流行していた折衷学の勉強もできなかった。

　だからといって生徒たちは朱子学のみを学んでいたわけではない。他にも学習堂では礼節・書・算数・弓馬・槍術・剣術等を学ばせていた。この中でも重視されていたのは礼節・槍術・剣術で、最低一つは鍛錬するように義務付けられていた。鍛錬で用いる竹刀・面・木刀・小手などは貸与されていたようだ。ただし鍛錬は相当な体力を必要とするものであるため、五十歳以上の者や病気の者、あるいは職務等で忙しい者については免除が認められていた。

　このように朱子学だけでなく武芸や書も扱った学習堂であったが、茶の湯・香

『近思録』
（国立国会図書館蔵）

▼近思録
朱子学の創始者朱熹らが、北宋時代の四人の著作から編纂した朱子学の入門書。一一七六年に刊行された。日本では江戸時代後期に儒学を教える塾で多く利用された。

▼四書五経
儒学の中で最も重要とされる経書。四書は、「論語」「大学」「中庸」「孟子」、五経は「易経」「書経」「詩経」「礼記」「春秋」を指す。

▼小学
朱子学において四書五経、「近思録」とともに重要とされる経書。

・蹴鞠・揚弓《ようきゅう》・俳諧・能は遠慮するよう生徒に呼びかけた。武士の嗜みとしてこれらに精通する者は全国に多くいたが、学習堂の管轄外ということなのであろう。学習堂で学ぶ学問の内容や武芸の鍛錬のことを考えると、すべて武士としての身分の維持や藩での勤務に直接役に立つものであることに気が付く。

さて学習堂ではどんな方法で授業を行っていたのだろうか。最も重要で基本となったのは素読《そどく》であったと思われる。素読とは教科書を繰り返し音読するものである。また、教授が四書五経の内容等について講義することもあった。さらに、会読《かいどく》といって生徒や教授が教科書をローテーションで読み、その内容を解釈するというものもあった。これは現在の大学の講読や輪読、ゼミといった授業形態に似ている。会読については自主ゼミのように授業外の時間に自主的に行うことも可能だったようで、その場合は出席者の名前を記録して一カ月ごとに藩主へ提出することになっていた。これによって藩は勉学の意欲のある者を把握していたのである。実際に藩は将来有望な者を申し出るよう教授にも命じており、人材づくりを真剣に考えていたことが窺える。

現在の日本の学校では生徒たちが教室等を清掃することが多い。学習堂でも生徒が清掃を行っていたようで、他の生徒より早く登校する早番を当番制とし、早番が門の開閉や清掃をするという方式であった。

恒例行事

学習堂には一年の中で重要な行事が三つあった。一年間の授業開始日の始講、授業の最終日の終講、冬至《とうじ》の日に行う冬至礼である。始講と終講はそれぞれ一月二日と十二月二十四日で、ともに学頭の講義が行われた。現在学校の始業式と終業式の日に校長が講話を行うのと似ている。いずれも学習堂の役人は正装をして全員出席することになっていた。始講では武芸始めを行い、終講では一年間勉学に勤しんだ者に対して褒章が授与された。褒章として授与された品物は筆一～二対、墨一～二丁、半紙一〇〇～二〇〇枚である。また、学習堂の役人に対して銀一～三両のボーナスが支給された。冬至礼でも学頭の講義が行われたが、この日は出席者全員に赤飯が振る舞われるのが常であった。

毎年ではないが、もう一つ重要な行事があった。藩主による学業検査である。藩主は参勤交代で伊勢崎に戻った時、必ず学習堂を視察に訪れた。その際に御前講義と武芸稽古が行われた。生徒にとって自らの努力を藩主に見せる重要な機会であった。

学習堂に関わる事件

学習堂の最初の事件は教授の小松原醇斎が着任から二年余りで辞職し、江戸へ帰ってしまったことである。理由は私用があるからというが、真相は学習堂での勉学の意欲が開校後僅か二年で衰えたためといわれている。醇斎は生徒が勉強する気がないのを嘆いて帰ってしまったのだ。

勉学の意欲が衰えたのは、藩主忠温が朱子学よりも徂徠学《そらいがく》★の方がよいといったという風聞を家臣たちが信じてしまったからだという。忠温はそのような事実はないと激怒し、そんな風聞を信じることは醇斎に対して大変失礼であり、噂に流されることなく朱子学を真剣に勉強するようにとわざわざ命じている。だが状況が変わることはなく、醇斎が安永六年（一七七七）十二月に学習堂を去った後は彼と同輩であった浦野神村や関重嶷が教授を引き継いだ。

神村や重嶷、常見浩斎の下で醇斎の思想を踏襲した教育が行われたと思われるが、寛政八年（一七九六）になって突如神村と浩斎が藩を追い出される事件が発生した。この事件によって学習堂は一時衰微することになった。藩を追い出された二人はその間江戸で私塾を開いて教育にあたっていたが、文化三年（一八〇六）になり再び出仕が許された。この後領内の各地で郷学がつくられることになるが、

▼徂徠学
江戸時代中期の儒者荻生徂徠〔寛文六年（一六六六）～享保十三年（一七二八）〕が唱えた思想。

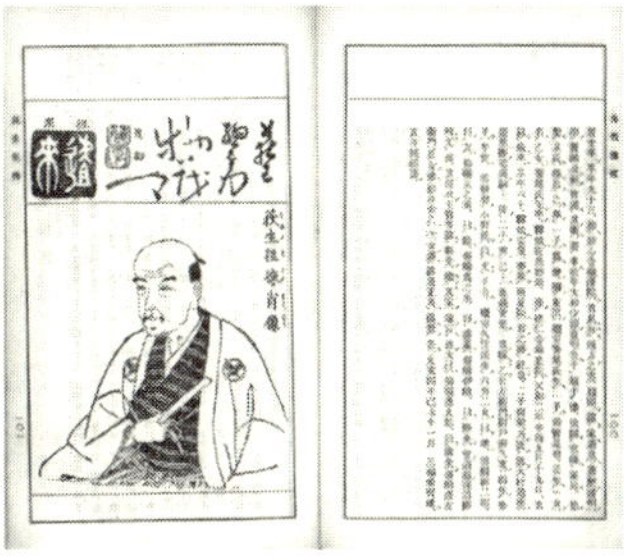

荻生徂徠『先哲像伝　近世畸人伝　百家琦行伝』有明堂書店刊
（国立国会図書館蔵）

それは二人が戻ってきたことと無縁ではないだろう。

二つ目の事件は天保年間（一八三〇〜一八四四）の初め頃に教授となった矢野静《せい》観《かん》に関するものだ。静観は江戸から来た儒者で、漢詩づくりの名人であった。彼が庶民との交流を深めすぎたことが災いして、天保八年に教授を解任され藩からも追い出されてしまった。静観は庶民の中でも折衷学を学ぶ者との交流を深めていたらしい。その際に酒を酌み交わすことも多かったらしく、こうした行動が藩主や重役の怒りを買ったということである。時として藩の期待を裏切るような教授が着任することもあったのだ。同時に浦野神村らが帰ってきてしばらく経ったこの時期にも、藩が朱子学の教育を徹底しようとする姿勢が見てとれる。

最後は学習堂の関係者が叱責を受けた事件である。この事件は文久元年（一八六一）に起こったもので、塩硝《えんしょう》をむやみに触って悪さをしていた生徒五〜六人を見過ごしたことで関係者が家老から叱責を受けたのだ。塩硝とは硝酸カリウムのことで、火薬の原料となる物質である。学習堂では武芸の鍛錬が行われていたし、幕末であるから場合によっては鉄砲の鍛錬が行われていたのかもしれない。

③ 郷学の成立——庶民の向学心の高まり

伊勢崎藩では庶民から自主的な向学心が高まり、各地に郷学が設立された。藩は郷学での教育を農村の維持の観点から奨励し、積極的に援助を行った。幕末までに二五校もの郷学が設立され、日本有数の教育藩が誕生した。

郷学の成立事情

庶民が教育を受ける場所としては寺子屋がよく知られている。寺子屋では子どもたちに主に読み・書き・そろばんなど生活に直結する事項を教えることが多かった。ただこれよりもさらに勉学を深めたいと思っていた子どもがおり、文化期（一八〇四～一八一八）には伊勢崎藩でも庶民の間で向学心が高まっていった。残念ながら向学心のある人々には自分の村の教養のある者に頼るか、高額な費用を捻出して江戸に遊学するしか方法がなかった。そこで庶民の中で勉強する気のある者なら誰でも学ぶことができる郷学を創設しようと提案する人物が現れた。それが伊与久村（現・伊勢崎市境伊与久）の宮崎有成《ゆうせい》である。

宮崎は寛政の三博士《さんはかせ》の一人である柴野栗山《しばのりつざん》★に学んだ人物で、藩の御用達を務め

▼柴野栗山
元文元年（一七三六）～文化四年（一八〇七）。寛政の三博士の一人。松平定信に招かれ、昌平坂学問所の教官となる。「寛政異学の禁」の実施を主導した。

たこともある。伊与久村は儒学に関する勉強会が盛んに行われていた地域で、江戸から師を招いて講義を依頼することもしばしばであった。宮崎は伊与久村のような学問が盛んな場所に教育機関が存在しないことはもったいないと痛感し、学堂を設け良い師匠を招いて学問をより盛んにしようと提案したのだ。この提案に多くの者が賛同し、七人の人物が資金を出して学堂を建設した。また、七人は土地三反歩（二九七五平方メートル）を拠出してその小作料を学堂の維持費とすることにした。こうして享和三年（一八〇三）に伊勢崎藩最初の郷学が創設された。ただこの時はあくまでも私塾としての扱いであった。

　宮崎は私塾の体裁を立派なものとするため、創設の前年に師の栗山に孝経碑《こうきょうひ》の碑文を依頼した。孝経碑とはこの塾の創設の由来や勉学に励むべき姿勢を記したものである。碑の清書は栗山の門下で幕府勘定支配であった杉浦吉統《よしむね》が担当し、「孝経」の題字は寛政の改革で有名な松平定信《さだのぶ》★が書いた。碑は文化五年（一八〇八）に江戸から船で運ばれて伊与久村に到着した。

　藩主忠寧《ただよし》は伊与久村で自主的に学堂がつくられた動きを大いに歓迎し、敷地一〇〇歩（三三〇平方メートル）を与え、学堂に五惇堂《ごじゅんどう》と名付けた。伊勢崎藩は敷地の年貢の免除も行った。

　五惇堂の創設とそれに対する藩の奨励策が示されたことで、文化年間に伊勢崎藩では郷学設立ブームが起き、七校もの郷学が五惇堂に続いてつくられることに

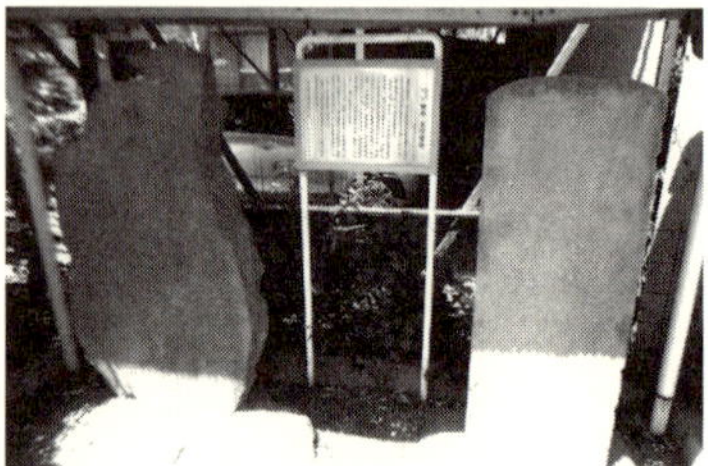

五惇堂碑

▼**松平定信**
宝暦八年（一七五八）～文政十二年（一八二九）。徳川吉宗の孫で、御三卿田安宗武の七男。老中として寛政の改革を実施した。

なった。それではその七校についても創設順に簡単に触れておこう。

饗《きょう》義《ぎ》堂《どう》

浦野神村は上樋越《ひごし》村の人で、寛政八年（一七九六）に突如藩を追い出された。神村は江戸で私塾を開きつつ、この不遇な時代を故郷で学問を振興させるために費やした。文化三年（一八〇六）に再出仕が認められ、二年後に五惇堂が郷学として認められたのと同じ年にこの饗義堂が創設された。開校は神村の意思によるものであった。

五惇堂と同じく饗義堂でも碑文がつくられ、創設の経緯とともに上樋越村の人々の様子が記されている。

それによると、この村は土地がやせて農業が振るわず人々は常に衣食に事欠く生活をしているが、倹約を忠実に守り奢ることがない。こうした人々に神村が隠居中に学問を広めたことが上樋越村に学問が隆盛するきっかけになった、と書かれている。この碑文は関重嶷と磯田邦光が内容を考え、書は神村自らが行い、饗義堂跡に実物が現存している。

ところで、饗義堂の碑には僧侶以外の庶民は自由に聴講が可能である旨が書かれている。神村が闇斎学を信奉する儒者であったからである。闇斎学を提唱した山崎闇斎は垂加《すいか》神道を唱え、神仏の分離を推進したため神村としては仏教を排除

浦野神村の墓（佐波郡玉村町）

饗義堂跡

しなければならなかった。こうしたやり方は郷義堂だけでなく、他の多くの郷学でも採用されている。

遜親堂《そんしんどう》

文化八年（一八一一）に茂呂《もろ》村に創設された。発起人は菊池貞平《さだひら》というが、この人は勉強家と呼ぶにふさわしい学者であった。貞平は遜親堂の創設の二年前から茂呂村の各地を回り、『小学』の講義を行った。今で言うと各地区の公民館を回って出張講義をすると考えていただければよいだろう。それだけではなく貞平は文化五年の時点ですでに学問に対する取り組みが評価されて藩から褒章を受け、文化七年には藩から学問の指導書である『幼学階《ようがくかい》』が授与されていた。

開校後の最初の講義は常見浩斎の出張講義であった。学校の運営は開校から終焉に至るまで一貫して貞平が中心となって行われた。六十年もの長い間ひとりの人物が一貫して学校の運営に関わったことは特筆に値することである。貞平は文久四年（一八六四）に永年の功績が称えられて、藩から永代年寄役の名誉称号を与えられた。

会輔堂《かいほどう》

文化八年（一八一一）に安堀村に創設された。創設の中心になったのは医家の

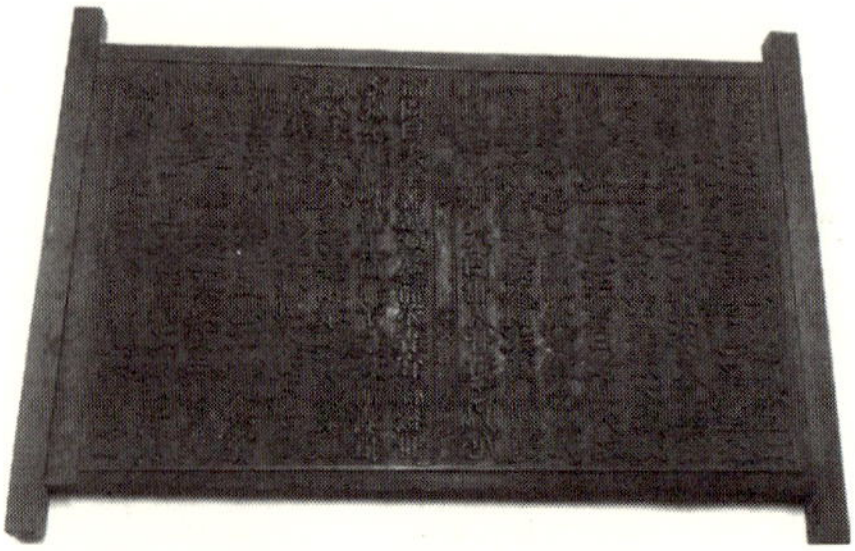

「上毛伊勢崎領塾蔵　小学内篇・外篇版木」
（伊勢崎市立図書館蔵）

吉沢文右衛門《ぶんえもん》である。だが会輔堂の記録はほとんど残っておらず、残念ながらこれ以上の情報は分からない。

正誼堂《せいぎどう》

長尾一十郎の発起により文化八年（一八一一）に下植木村につくられたのが正誼堂である。長尾の創設願には、村の風俗が良くなり人々の行いが実直で親孝行者となり農作業に励むようになるためには学問をして人の人たる道を知ることが大切である。そのため農閑期に若者や子どもに講義を行いたいと記されていた。最初の講義は常見浩斎が出張して行い、校名の「正」と「誼」という二文字について董仲舒《とうちゅうじょ》★の発言を引いて説明した。この講義には八一人もの人々が参加したが、これは下植木村に住む人々の半分が参加した計算になる。この村の人々の向学心がいかに強かったかが分かるだろう。

長尾一十郎以下正誼堂の創設発起人となった五人は、五人組から外れ苗字を名乗ることを許され、百姓の身分から離れるという栄誉を与えられた。このことは他の郷学でもよく行われていた。

遜悌堂《そんていどう》

文化十年（一八一三）に山王堂《さんのうどう》村に創設された郷学で、医者の宮田柳宣《りゅうせん》と高橋

▼**董仲舒**
前漢時代の中国の学者。儒家の思想を国家教学とすべきことを献策した人物。

丈左衛門《じょうざえもん》が発起人となり教授も務めた。生徒数は七〇人から一〇〇人くらいだったようだ。この学校についてはあまり詳しい記録は残されていないが、昭和まで当時の建物が残っていた。昭和三十年（一九五五）には群馬県の重要文化財に指定されたが、五年後に焼失して現存していない。

正心堂《せいしんどう》

文化十一年（一八一四）に太田村に創設された。発起人は板垣弥兵衛ら四人である。天保年間（一八三〇～一八四四）の凶作で経営が立ち行かなくなったため一度中絶したが、明治四年（一八七一）に再興されたという。この郷学についても詳しい記録は残されていない。

責善堂《せきぜんどう》

伊勢崎町にあった郷学で、文化十三年（一八一六）までには開校したようである。文化年間に創設された郷学の中では最後に開校した。発起人は設楽《したら》久兵衛《きゅうべえ》という人物である。この学校は陣屋に最も近い郷学だったためたくさんの学習堂関係者が講義を行い、経営にも関わったという。

ところで、明治になって責善堂が藩校の学習堂と合併するという話が持ち上がり、士族と平民の隔てなく教育を行う予定であったが、それぞれの学校で始業時間が異なったことなどが原因で実現しなかった。

日本有数の教育藩の成立

文化年間（一八〇四〜一八一八）に創設された八つの郷学は明治五年（一八七二）の学制公布まで専《もっぱ》ら漢学中心の教育を続けることになる。だが伊勢崎藩では郷学の設立ブームが明治四年にもう一度訪れる。この時には新たに一四校が新規に設立され、すでに設立されていた三校がこの時新たに名前を与えられた。左の表がその一覧である。

明治四年の第二次郷学設立ブームの原因は、明治維新によって庶民の就学熱がさらに高まったためである。藩もこうした動きに対応して郷学振興のための綱目を出して、皆学の方針を示した。

しかし、せっかく創設され命名されたこれら一七校も僅か一年もしないうちに学制が公布されて役割を終えてしまう。

明治五年までに伊勢崎藩には全部で二五校もの郷学がつくられたこと

明治４年設立の郷学

新規に創設された14校	
村　名	郷学の名称
小此木村	克諧堂
境町	存誠堂
下淵名村	求己堂
波志江村	存養堂
今村	祇敬堂
中町	温故堂
下福島村	修己堂
除村	輔仁堂
大正寺村	行余堂
下道寺村	遷善堂
馬見塚村	涵養堂
百々村	敬敷堂
上淵名村	由義堂
上植木村	主静堂

新たに命名された３校 （明治４年以前創設の郷学）	
村名	郷学の名称
柴町	懐徳堂
堀口村	惇信堂
阿弥大寺村	有恒堂

になる。これほど郷学が存在した地は他に例がなく、同じく教育の盛んであった水戸ですら一五校であった。水戸の儒者加藤桜老《おうろう》が伊勢崎藩を訪れたことがあり、その時の様子を江戸にいる学者に次のように書き送っている。「道を歩いていて二里を過ぎない間に七校も郷学があるなんて、伊勢崎ほど教育が盛んな場所はない」と。さらに加藤は伊勢崎の教育が水戸に勝っているとも述べた。伊勢崎には江戸時代後期、日本でも有数の庶民教育が栄えたという誇らしい歴史があるのである。

郷学の設立は藩が提案する場合もあるが、伊勢崎藩の場合は完全に庶民の提案で設立されたというのが最大の特徴である。設立の提案者が有能な学者であること、それを後押しする庶民がある程度存在するといった条件が整わなければならない。つまり、文化年間までに漢学が多くの村々に浸透していたのである。

藩の役割は自主的で意欲的な郷学の設立を奨励し、設立後は保護するというものであった。まず設立にあたり校舎の建設用の補助金を支給。土地を与える場合もあった。設立後は敷地にかかる年貢を免除した。税による優遇策である。発起人に対しては苗字の使用を認めるなど身分的にも優遇した。

学習堂の教授を頻繁に派遣して出張講義に協力し、藩主の視察も行うことで郷学教育に対する関心を示したのである。郷学創設の際に藩が名称をつけたことも奨励策の一つである。

僧侶以外の庶民に聴講を認めたことは嚮義堂の部分で述べたが、藩が郷学定書という決まりを出したことで示された方針であった。藩は奨励策とともに、郷学の方向性をある程度決定づける役割を果たしたのである。こうした藩の政策が文化年間の第一次郷学設立ブームを後押ししたのである。

これも伊勢崎

伊勢崎のグルメ①

銘菓

赤石最中〈赤石屋〉

伊勢崎藩主酒井家の家紋が入っている。最中の中に餡子がたっぷり入っていて、こんなにふっくらしてボリュームがある美味しい最中は他にない。

赤石最中

まゆっこ〈(株)グンイチパン〉

シルクパウダーの入ったもちもちのクリームパン。いくつかの味の種類がある。お店に行くと冷蔵庫の中にこの商品が入っていて、暑い季節には最高。他にも美味しいパンがたくさんあって、多くのお客さんで賑わっている。

まゆっこ

名物

伊勢崎もんじゃ

切りイカ・キャベツ・桜エビ・天かすといったシンプルな具で作る手ごろ感満載のもんじゃ。隠し味にイチゴシロップ（！）が入る。

神社コロッケ〈ふらっと〉

伊勢崎神社周辺で引き屋台で売られていたことが名前の由来。昔懐かしいシンプルなコロッケで、スーパーではどこでも売られているというが、連取町のふらっとのものがおすすめ。ソース味と味噌味の二種類があり、一枚八〇円である。

神社コロッケ

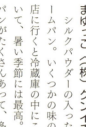

第四章 人々の暮らし

伊勢崎太織生産の拠点や、交通の要衝としての伊勢崎藩を支えた人々の暮らし。

1 農村や町の様子

町では定期市に商人が集まり様々な品物が売り出されたが、なかでも生糸や絹織物が盛んに取引された。町の発展には近江商人の貢献も大きい。農村では農間商いが盛んに行われ、中には多角的経営に乗り出す家も出現した。

伊勢崎藩の支配領域

ここでは伊勢崎藩に属した町や村の様子について取り上げるが、まずは伊勢崎藩が現在のどの辺りの地域の支配を行っていたかに触れておきたい。平成二十九年（二〇一七）現在の伊勢崎市は、旧伊勢崎市に平成十七年、佐波《さわ》郡境町・東村《あずま》・赤堀《あかぼり》町を合併した自治体である。伊勢崎藩は現在の伊勢崎市を完全に支配していたわけではなく、旧伊勢崎市のほとんどと旧佐波郡境町の一部を支配していた。旧伊勢崎市のほとんどと表現したのは、前橋藩や旗本が支配した村が存在したためである。表（一一九・一二〇ページ）は伊勢崎藩支配の町村の一覧である。

村々の状況

伊勢崎藩ではどんな作物が栽培されていたのか。江戸時代、米が最も重要な作物であったが、地理的な要因で米が生産できない地域もある。伊勢崎藩の場合、

佐位郡に属する伊勢崎藩の町村

現伊勢崎市内に属する町・村　１町９村

町村名	家数	人　別	現在の町名
伊勢崎《いせさき》町	523	男女計2063	本町、三光町、若葉町、大手町、曲輪町
太田《おおた》村	33	男95、女86	太田町
宮下《みやのした》村	11	男25、女27	
安堀《あんぼり》村	90	男239、女197	安堀町
波志江《はしえ》村	253	男354、女498	波志江町
八坂《やつさか》村	29	男50、女48	
上植木《かみうえき》村	193	男476、女452	上植木町、本間町、鹿島町、三和町
下植木《しもうえき》村	118	男282、女270	昭和町、宮前町、東本町、下植木町、三和町
今泉《いまいずみ》村	91	男148、女125	今泉町、八坂町、上泉町、粕川町
茂呂《もろ》村	355	男772、女771	茂呂町

現伊勢崎市内に属する町・村（旧佐波郡境町）１町８村

町村名	家数	人　別	現在の町名
伊与久《いよく》村	295	男661、女601	境伊与久
上淵名村	73	男178、女154	境上渕名
下淵名村	211	男448、女392	境下渕名
東新井村	41	男86、女69	境東新井
木島村	93	男206、女175	境木島
百々村	29	男54、女46	境百々
小此木村	155	男373、女325	境小此木
境町	206	男女計844	境
中島村	63	男140、女126	境中島

人別は安政２年現在。ただし、伊勢崎町は天保２年、旧佐波郡境町の町村は文化２年現在。今泉村は伊勢崎藩領と旗本領が併存する相給であったが、データは旗本領を含まない。

那波郡に属する伊勢崎藩の町村

町村名	家数	人　別	現在の町名
上今村《かみいま》	46	男112、女106	稲荷町
中今村《なかいま》	38	男93、女94	
下今村《しもいま》	22	男53、女54	
田中島村《たなかじま》	28	男88、女86	田中島町
田中村《たなか》	62	男176、女185	田中町
韮塚村《にらづか》	40	男120、女144	韮塚町
阿弥大寺村《あみだいじ》	18	男48、女51	阿弥大寺町
柴町《しば》	97	男女計416	柴町
小泉村《こいずみ》	浅間山噴火で柴町へ移住		
中町《なか》	46	男93、女89	中町
北今井村《きたいまい》	27	男70、女57	今井町
山王堂村《さんのうどう》	116	男310、女331	山王町
堀口村《ほりぐち》	56	男186、女151	堀口町
下福島村《しもふくじま》	25	男68、女64	福島町
八斗島村《やったじま》	42	男105、女95	八斗島町
除村《よげ》	43	男95、女82	除ケ町
大正寺村《だいしょうじ》	39	男80、女85	大正寺町
馬見塚村《まみづか》	209	男479、女448	馬見塚町、保泉町の一部
富塚村《とみづか》	87	男193、女183	富塚町
下道寺村《げどうじ》	45	男106、女96	下道寺町
長沼村《ながぬま》	95	男215、女230	長沼町
上蓮沼村《かみはすぬま》	19	男46、女43	上蓮町
下蓮沼村《しもはすぬま》	48	男157、女137	下蓮町
飯島村《いいじま》	23	男55、女52	飯島町

現佐波郡玉村町内に属する町・村　６村

町村名	家数	人　別	現在の町名
上福島村《かみふくしま》	28	男女計132	玉村町上福島
上樋越村《かみひごし》	25	男62、女51	玉村町樋越
中樋越村《なかひごし》	15	男43、女35	
下樋越村《しもひごし》	22	男74、女31	
樋越福島村《ひごしふくしま》	上福島村に含む		
樋越原村《ひごしはら》	9	男33、女22	

人別は安政２年現在。ただし、除村は弘化元年、現佐波郡玉村町に属する村は天保２年現在。上蓮沼は伊勢崎藩領と旗本領が併存する相給であったが、データは旗本領を含まない。

那波郡に利根川によってできた沖積低地が広がっている。ここは利根川の水が得やすいため、地味が良く水田がつくりやすい。一方、佐位郡は台地のため、地味が良くない。特に旧境町周辺は大間々扇状地の末端部分であることから水が得にくいので、佐位郡では畑作が盛んであった。

畑で作られていた作物は伊勢崎町の記録によれば、大豆・小豆・小角豆《ささげ》・粟・

稗・胡麻・木綿・里芋・菜・大根とある。この中では大豆の生産が主力で、市で売りに出された。江戸・京都・大坂では伊勢崎の大豆は評判であったようで、重要な商品作物であった。小豆は天明八年（一七八八）から幕府への献上物となったため、重要な作物となった。

ほかにも葱《ねぎ》・冬瓜・柴芋・かぶ・つくねいも・牛蒡などの野菜類、栗・柿・梨・桃・梅などの果物も栽培されていた。綿や桑といった織物づくりに欠かせない作物もあった。とりわけ下植木村の葱、茂呂村の桃、長沼村の綿・桑は評判がよかったという。ただしこれらの作物は畑一面に植えられたわけではなく、主に屋敷周りや畑周りに植えられた。この時代は藩に年貢として納められる米や麦、大豆の生産が最重要であった。

麦は田と畑の両方で裏作できる作物であった。伊勢崎藩には十部一麦という年貢があったが、これは田にかかる年貢の十分の一を麦で年貢として納める制度であった。納めるにあたって麦を十分に搗《つ》かなければならず、百姓はとても苦労した。藩は徴収した麦を幼児の養育用として村に下賜した。農村の窮乏によりこの付近では子どもの間引きが行われており、農村人口の減少と農作物の減収を藩としては避けたかったためである。間引きの禁止を触れとして出すことはよく行われていたが、村に養育資金を下賜するというのは仁政である。ただし、そうした政策が百姓の苦しみによって成り立っていたことを忘れてはならない。

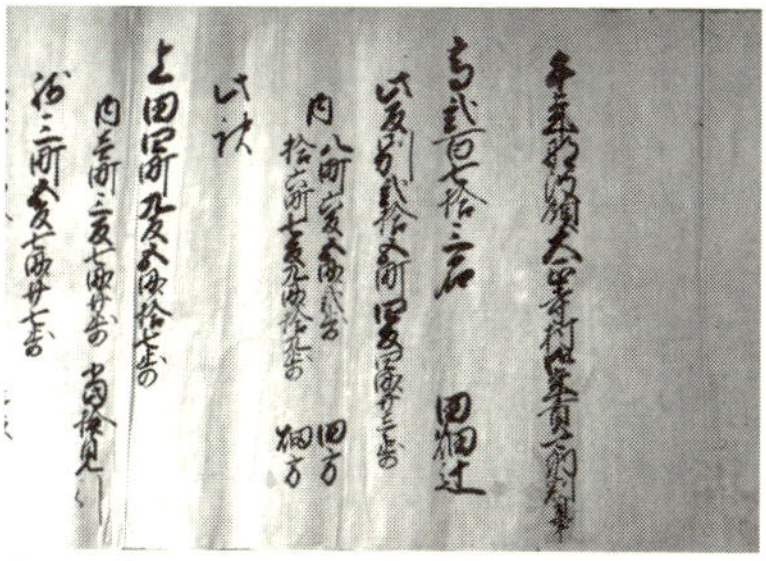

豊受村「午年那波領大正寺村御年貢可納割付事」
（伊勢崎市立図書館蔵）

養蚕の普及

絹織物の生産については後の項で詳しく述べるとして、ここでは養蚕について少し触れてみたい。養蚕とは生糸に必要な繭《まゆ》を得るために蚕を育てることである。伊勢崎藩では宝暦年間（一七五一～一七六四）以降養蚕が盛んになった。だが、当時の養蚕技術はそれほど発達しておらず、定まった養蚕方法も確立されていないほとんど経験に頼った蚕の飼育が行われた。例えば幼虫は摂氏二〇度以下や三〇度以上の環境では病気になって死ぬことがある、風通しが悪いと死ぬ、違う種類の成虫同士を交配させて二代目・三代目と重ねていくと病気になりやすくなる、などの失敗を当時の人々は何回も繰り返したはずである。それを考えると初めは相当な苦労を強いられる作業であっただろう。

それでも養蚕は伊勢崎藩の各地に普及した。蚕の飼育の期間が四十日と短かったことが大きかったのかもしれない。大坂生まれの俳人で上蓮沼村に庵を結んだ栗庵《りつあん》似鳩《じきゅう》★は、女性は養蚕をするべきだと門弟が似鳩に話してきたことを日記に書いている。似鳩の門弟はさらに、「養蚕技術に疎いことは、宝の山に登って金塊を得ないのと同じことで、寝食を怠っても養蚕をすべきだ」と述べている。こうした勧めが通じたのか、養蚕は女性の農間稼ぎとして普及していくことになる。

▼栗庵似鳩
享保二十年（一七三五）～寛政九年（一七九七）。大坂生まれの俳人。明和八年（一七七一）の俳諧行脚の途中に立ち寄った上蓮沼村に栗庵という庵を結んだ。蕉風俳諧の普及に努め、弟子は五〇〇人を数えたという。

宝暦期の伊勢崎藩には養蚕をする者が六、七割もおり、特に利根川沿いに多かった。幕末には横浜で生糸輸出が始まったことで宝暦期と比べて四から五倍もの収入が得られ、養蚕は農家を相当に潤すことになった。

町の様子

一一九・一二〇頁の表を見ると、伊勢崎藩内には佐位郡に伊勢崎町と境町、那波郡に柴町と中町という合計四つの町が存在したことが分かる。これら四つの町がそれぞれどんな様子であったかをここで見ていきたいと思う。

伊勢崎町

伊勢崎町は、いうまでもなく伊勢崎の城下町という位置づけになる。寛永十九年（一六四二）に領内で検地が行われ、伊勢崎町にはこの時すでに二〇七もの屋敷が存在していた。その後屋敷の数は増加を続け、天保二年（一八三一）の時点で五二三になったことは一一九ページの表に示したとおりである。

町の様子については元文三年（一七三八）に出された「上州伊勢崎町古来《こらい》御《お》尋《たずね》書《がき》」によって知ることができる。これによれば伊勢崎町には田畑が二百一町六反四畝九歩（約二百ヘクタール）あり、町人が所持していた。この田畑には年貢が賦課され、町人は村方に住む人々と同様に農業経営を行わなければならなかった。そのため、町人というよりは町百姓と呼ぶ方が適切であろう。

伊勢崎町は川岸《かし》町・西町・本町・裏町・新《あら》町・紺屋《こんや》町・袋《ふくろ》町・同心《どうしん》町・八軒《はっけん》町・片《かた》町の十町から成り立っていた。北端の川岸町から南端の紺屋町まで約一・三キロメートルあり、江戸時代後期にはこれに川久保《かわくぼ》町が加わった。

ところで町に住む者のすべてが自前の屋敷を持っていたわけではない。元文三年当時の屋敷の数は三六八軒であったが、その中に店借《たながり》が一一四軒含まれていた。店借とは今でいう借家のことである。これらの店借は川岸町・西町・本町・新町・紺屋町に八割以上が集中していた。

町には農間稼《のうかんかせ》ぎとして酒・米穀・太物《ふともの》★・金物・瀬戸物などを売る商人がいたが、彼らはあくまでも百姓身分として位置づけられていた。元文三年時点で伊勢崎町にいた職人の構成は次のとおりである。

大工一人、桶屋六人、壁ぬり三人、鍛冶五人、指物師《さしものし》★一人、檜物屋《ひものや》★一人、附木屋《つけぎや》★一人、籠結《かごゆい》二人、研屋《とぎや》三人、油締《あぶらし》め★二人、鞘師《さやし》・柄巻《つかまき》★六人、足袋屋三人、鍬柄《くわえ》★一人、菓子屋二人、仕立屋《したてや》一人、鍋《なべ》鋳《い》掛《かけ》★二人、表具屋★一人、畳屋一人、猟師二人

これらの職人はすべて専業的な職人で、土地を持っていなかったので店借をして生活をしていた。彼らはこうした職業を行うにあたり藩の許可を必要とし、営業が許可された後は課役として銀を納めた。

▼太物
織物のうち、綿織物や麻織物のこと。

▼指物師
釘などを用いず、木と木を組み合わせて箪笥・机・長持などの木工品をつくる職人のこと。

▼檜物屋
檜の薄板でわげもの（円形に曲げてつくった容器）をつくる職人のこと。

▼附木屋
附木とは、松や檜の薄い木片の端に硫黄を塗り付け、火を他の物につけ移すのに使用したもの。その附木を扱う職人のこと。

▼油締め
行灯の点灯のための菜種油を絞る職人のこと。

▼鞘師・柄巻
刀職人のうち、鞘をつくる者を鞘師、柄を仕上げる者を柄巻といった。

▼鍬柄
樫や欅を利用して鍬や鋤の柄をつくる職人のこと。

享保十四年（一七二九）、島屋が伊勢崎町で飛脚問屋を始めた。この時から島屋は町人の書状や小荷物を届けるようになる。次いで宝暦二年（一七五二）に島屋は他の飛脚問屋七軒とともに伊勢崎藩の公用の逓送《ていそう》★を請け負いたいと願い出て許可された。これらの飛脚が運んだのは、藩が差し出した金子《きんす》入りの書状、御用荷物、書簡などで、飛脚により江戸・京都・大坂・姫路へ逓送することが可能であった。江戸・京都・大坂などは藩主が幕府の役方として赴く可能性がある場所であり、江戸や姫路は宗家の藩主がいる場所で、これらの場所に飛脚が行くことは藩にとって好都合だ。伊勢崎町の飛脚は藩の御用を請け負うだけでなく、六斎《ろくさい》市《いち》★で取引された糸や絹を各地へ送るという役目も果たした。

十八世紀以降養蚕業の発展により、伊勢崎町は太織・生糸・繭の取引で栄えた。宝暦九年の取引量は絹が二万反、糸が三千貫で、売買の仲介を行った絹宿《きぬやど》は伊勢崎町内に一五軒存在した。伊勢崎町はこの後幕末に至るまで太織絹《ふとりぎぬ》と生絹《きぎぬ》の取引市場として繁栄することになる。

柴町

日光例幣使《れいへいし》道の倉賀野《くらがの》宿（現・群馬県高崎市倉賀野町）から数えて三番目にあたる柴宿は、柴町・中町・堀口村によって成り立っていた。柴町は大名や公家などの宿泊場所である本陣があり、柴宿の心臓部というべき場所であった。宿場町が

▼鍋鋳掛
穴の空いたりした鍋や釜を修理・修繕する鋳掛屋のこと。

▼表具屋
巻物・掛軸・屏風などの表装を行い、障子貼りや襖の新調等を行う表具師のこと。

▼逓送
通信や荷物を送ること。現在の郵送に相当する。

▼六斎市
月に六回開かれた市のこと。

発達し、文政十一年（一八二八）当時の家数一〇一軒のうち半分にあたる五〇軒が農間商い・旅籠《はたご》屋・職人といった渡世を営んでいた。このうち居酒屋を営む者は七軒おり、うち一軒は酒造業も営んでいた。旅籠屋については文化二年（一八〇五）当時は十軒あり、一軒につき二人の飯盛《めしもり》女★がいたという。天保十四年（一八四三）時点では旅籠屋が一七軒に増えている。

町並みの長さは約五〇四メートルで、道幅はなんと一四メートルほどもあり六斎市が立てられていた。

利根川の左岸に位置する町で、西の外れに靫負《ゆきえ》河岸という慶長年間（一五九六～一六一五）に始められた河岸があった。この河岸では江戸へ送る米の積み出しや前橋行きの商人荷物を扱うのが主であったという。

だがこうした利点だけではない。利根川沿いのため、江戸時代だけでも柴町は多くの天災による被害に見舞われている。江戸時代中期以降には利根川が分流した影響で洪水に悩まされた。天明三年（一七八三）の浅間山大噴火の際には道が利根川の水で浸水し、泥流で人家が埋もれたり流出したりする大変な被害を受けた。そのため柴町では西側の柴崎地域の六割以上が荒地となった。この二つの天災のため、中町のすぐ西方にあった町並みはやや北西方の現在地に移転した。現在でも例幣使道を中町側から柴町側へ辿ると、道が北に向かって大きく曲がる場所がある。これはその時に町並みが移転したことによるものである。

▼飯盛女
旅籠屋などで客に対して給仕をする女。また、それを名目にして客に対して売春を行う女のこと。食売女ともいう。

洪水の被害はさらに続いた。天保六年には雪解け水による洪水で例幣使道や八幡宮が大きな被害を受けた。さらに嘉永六年（一八五三）にも雪解け水による洪水があり、河岸問屋の船七艘がすべて流出した。柴町は宿場町として繁栄したのと同時に、利根川に接する町として天災の被害を受ける危険性を常に内包した町であった。

中町

中町という名前はこの町が柴町と堀口村の間に位置することに由来する。堀口村とともに柴宿の加宿《かしゅく》★である。町並みは約四六〇メートル、道幅は三・六四メートルであった。文化二年（一八〇五）には家数が四九軒で、そのうち旅籠屋が三軒存在した。旅籠屋には柴町とは異なり飯盛女はいなかったものと考えられる。

境町

境町は柴町から例幣使道を東へ八・五キロメートル進んだ場所にある。町の真ん中を例幣使道が通っていたが、境町は幕末まで宿ではなく間宿《あいのしゅく》★であった。文化二年の境町の家数は二〇六軒で、これは境町より格上の宿場町柴町の倍以上である。そのうち職人が四六軒、商人が九三軒で、境町は柴町に決して引けを取らない繁栄を見せていた。

▼加宿
宿場に隣接する町村のうち、人家が少ないなどの事情で人馬を出せない宿場に人馬を負担した町村のこと。

▼間宿
宿場間の距離が長い場合や、峠や川を越えるなどの難所がある場合に宿場間に設けられた幕府には非公認の宿場。宿泊も原則禁止されていた。

なぜ境町はこれほどまで発展したのだろうか。それはこの町が交通の要衝であったからである。例幣使道をはじめ、前橋・伊勢崎方面から中山道熊谷宿へ至る江戸道、新田郡尾島元宿から館林へ至る館林道、現在の藪塚《やぶづか》を経て桐生道や足尾銅山へ至る道など、境町はこれらの道が行き来するいわばターミナルであったため、人と物の往来が盛んとなり、町も繁栄することになったのだ。

伊勢崎藩領の定期市

伊勢崎藩内の四つの町では定期市が開かれていた。江戸時代初頭の市は、農民が余剰生産された米や換金作物である麦、大豆を持ち込み、日用雑貨や農具を調達する雑市《ざついち》的な性格が強かったが、十八世紀になると上州でも商品作物栽培が進展して、これらの商品が市に集まるようになり特産物集荷市的な要素が強くなった。ここでは三つの町で開かれた市の状況について見ていきたい。

伊勢崎町の六斎市

伊勢崎町の中で市が開かれていた町は本町・新町・西町であった。伊勢崎町の定期市は本町で元亀元年（一五七〇）にはすでに始まっていたようで、歴史は古い。定期市は一と六のつく日に開かれ、これが毎月六日間あるので六斎市と呼んでいた。その後、寛永二十年（一六四三）に新町に、万治二年（一六五九）に西町に市の分割が行われ、従来の本町と合わせて三つの町の持ち回りで六斎市が開かれることになった。十七世紀後半には西町で一日と十六日、本町で六日と二十一日、新町で十一日と二十六日というように六斎市の日付が決定した。

市では当初から米・麦・大豆の取引が行われたが、これは十八世紀以降も変わることがなかった。農民は年貢と自家消費分の米を生産したが、余剰ができれば市で売買した。また、伊勢崎藩では川越藩の前橋陣屋★から商人に払い下げられた年貢米が市で取引された。米・麦・大豆は単に商品が消費者の手に渡るというだけでなく、市での取引の相場が小売値段を左右する。そのため、凶作や飢饉の年には市での相場を藩に報告させ、市場価格よりも安値で売買するよう指示していた。市での穀物取引は、価格の調整機能も有していたのである。

六斎市に持ち込まれた商品作物は様々であった。なかでも生絹と太織絹は伊勢崎町で盛んに取引された商品であった。『伊勢崎風土記★』によれば、伊勢崎藩の各地で産出するこれらの商品は毎年五月から七月にかけてあちこちの商人が持ち込んだという。後には沼田煙草を扱う煙草市や馬市なども開かれた。

柴町の六斎市

柴町・中町・堀口村によって日光例幣使道の柴宿が成り立っていたことは前に

▼**川越藩の前橋陣屋**
寛延二年（一七四九）に酒井氏が姫路藩に転封となった後の前橋には越前松平氏が移ってきたが、明和四年（一七六七）に利根川による城の浸食の影響で川越藩に転封となった。前橋の支配は川越藩が続けたが、本拠地は川越となったために前橋の支配は陣屋によって行われた。前橋に本拠地が戻るのは慶応三年（一八六七）のことである。

▼**『伊勢崎風土記』**
寛政十年（一七九八）に関重嶷によって刊行された伊勢崎の地誌。

触れたが、このうち市が開かれたのは柴町と中町であった。市が始まった正確な年代は不明だが、おそらく正保年間（一六四四〜一六四八）くらいだと考えられる。柴町と中町では毎月五と十のつく日に六斎市が開かれた。ただし中町については、一年中市が立てられたわけではないので、ここでは柴町の市を中心に見ていこう。柴町付近での例幣使道の道幅は三・六四メートルほどであり、伊勢崎町を構成する本町と西町の道幅が約一一メートルほどだったことを考えると、柴町の市は小規模なものであったと思われる。

柴町では安永四年（一七七五）から煙草市が新規に立てられたという記録が残っている。実はこの年に柴宿の煙草市は伊勢崎町から訴えられているのだ。伊勢崎町にはすでに煙草市が立っており、武蔵国からたくさんの買い付け商人が集まっていた。買い付けられた煙草は伊勢崎町の荷問屋が武蔵国まで馬で送った。ところが、伊勢崎町の荷問屋が煙草を輸送する駄賃が安すぎると不満を抱き、駄賃の値上げが行われたのである。すると煙草商人は伊勢崎町よりも駄賃の安い柴町に煙草市を移してしまい、伊勢崎町には煙草市が一切出なくなってしまったというのが訴訟の原因である。

伊勢崎町は柴町で開かれている煙草市を自分のところへ戻すことが狙いであったが、前橋町や玉村宿で煙草の売買が自由に行われていることからこの要求は認められなかった。訴訟は伊勢崎町側の全面的な敗訴に終わり、柴町の煙草市は継続されることになった。

境町の六斎市

寛永二十年（一六四三）に町割が完成すると、正保二年（一六四五）に藩主忠能が境町での市立てを許可し六斎市が始まった。二年後の正保四年に例幣使の通行が始まったことで人や物資の往来が増え、例幣使道の間宿として栄えた境町の六斎市は繁盛することになる。

十八世紀になると境町にも各地の絹が集まるようになり、六斎市も絹市としての性格を帯びるようになった。

宝暦年間（一七五一～一七六四）になると、境町では生糸の取引が盛んとなる。桐生絹織業の発展により上野全域で蚕糸・織物業の工程が地域別に分化されていったためで、境町が属する伊勢崎地域には原料糸を生産する地域という役割があった。これを受けて市で取引される品物にも変化が表れたというわけである。原料糸は桐生絹や伊勢崎の太織絹生産のために供給された。原料糸に加えて原料繭の供給も重要であったが、こちらは武蔵国の繭が境町に入ってきていた。こうして境町は原料糸と原料繭の取引市場として発展することになる。この傾向は文化・文政期（一八〇四～一八三〇）に顕著となり、境町は糸市として繁盛した。

安政六年（一八五九）に横浜が開港すると、糸市はさらに発展を見せる。生糸

境町の町並み

の海外向け市場が開拓されたためである。これに伴い生糸の生産量は増大し、境町の糸市にも多くの生糸が集まるようになり、境町は幕末の開国によって未曾有の発展を遂げることになった。

町方の商人——近江商人の存在

伊勢崎町と境町の商人のうち近江《おうみ》商人が果たした役割は大きい。近江商人は江《ごう》州《しゅう》商人とも呼ばれるが、その名のとおり現在の滋賀県出身の商人で、特に近江国を出て活動した商人のことをいう。彼らは江戸時代の初期に京都・美濃・伊勢・若狭などの近隣地域で行商《ぎょうしょう》を行っていたが、徐々に大坂・江戸にも進出し、活動地域を全国に拡大させた。十八世紀以降には蝦夷地に進出して、アイヌとの交易権を得た者も多く現れた。

近江商人が伊勢崎町に最初に進出したのは享保年間（一七一六〜一七三六）だといわれており、本町に竹内庄左衛門《しょうざえもん》、裏町に須尾孫市《すおまごいち》という人物が開店したというのが最初であるようだ。続いて寛延年間（一七四八〜一七五一）に一店、宝暦年間（一七五一〜一七六四）以降に一〇店が開かれ、伊勢崎町には近江商人によって開かれた店（江州店《ごうしゅうだな》）が合計一三店になった。町ごとの構成は本町七店、裏町一店、新町三店、川岸町二店であった。このうち本町に過半数の七店構えていて、

明治時代の養蚕・給桑の光景
（横浜開港資料館蔵）

彼らが伊勢崎町の中で営業上最も有利な場所を見極めていたことを示している。

彼らの業種は、金物・醸造・荒物・太物・瀬戸物・醤油醸造・居酒・薬種・砂糖・染草・呉服と多岐にわたるが、数で言うと醸造業が多くを占めている。これは北関東の多くの江州店と一致するものである。なかには薬種販売を行った日野屋のように、開港直後の横浜でオランダ商人と交渉し、貴重で高価な薬の取引に成功して一攫千金を得た者も現れた。

一方、境町では鈴木忠右衛門《ちゅうえもん》と杉村半兵衛が寛延元年（一七四八）に酒造業を開始し、屋号を山星屋とした。これが境町の江州店の先駆けとなった。当時は他国出身者の酒造業は藩が認めなかったため、隣村の名義で酒造免許を取得して開業した。安永九年（一七八〇）にこの店は杉村半兵衛の単独経営となる。境町を離れた二代目鈴木忠右衛門は翌年に武蔵国行田《ぎょうだ》で造酒店を開店した。山星屋の後に境町には江州店が一〇店進出した。業種は酒造・糸繭・煙草・荒物・瀬戸物・醤油醸造・居酒といった具合で、伊勢崎町とほとんど類似している。

伊勢崎藩内に近江商人が進出したことは、もともと商業機能を持つようになっていた町方の商業をさらに発展させる原動力になった。ここでどれだけ伊勢崎町が発展したのかを、伊勢崎町で手に入れることができた商品をもとに考えてみたい。ここで例として挙げるのは連取村を領地としていた幕府旗本の駒井氏の陣屋が文久二年（一八六二）と元治元年（一八六四）に伊勢崎町から買い付けた品物である。その品物は次のとおりである。

白砂糖　味噌　醬油　酢　味醂《みりん》　豆腐　油揚げ　奈良漬　根生姜《ねしょうが》　葱　干瓢

山芋　ふき　しいたけ　みつば　梅干し　鰤《ぶり》　蛸　秋刀魚　乾し魚　塩引き

数の子　焼き鮒　海苔　どじょう　白米　水油　酒　筆　墨　紙

当時、現在のようなショッピングモールがあるわけではなく、一つの店でこれらすべての商品が揃うことはなかった。すべてを揃えるには八百屋・魚屋・乾物屋・酒屋・油屋などの店に行かなくてはならない。伊勢崎町には幕末までにこれらを扱う店が立ち並んでいたことになる。この品物の買い付けの例は旗本のものであるが、伊勢崎陣屋でもこうした品物の調達を伊勢崎町で行っていたものと考えられる。このように多くの品物が手に入ることは庶民にとっても有益だった。

農村での農間商い

農村でも農業以外の仕事をする者が現れるようになった。彼らの行う農業以外の仕事は農間商いとして位置づけられていた。農村での農間商いの業種は酒・醬油の醸造、質屋、煮売り、居酒屋、鍛冶屋、大工、屋根葺きなど様々であり、町場と同じような業種が農村でも行われていた。なかでも醸造業は地域での飲酒需要の増大や江戸地廻経済★の進展の影響で多くの上層農民が手を染めた。時代は新しいが明治二年（一八六九）当時、伊勢崎藩領内で醸造を行っていたのは四六人で、そのうち酒造者が二〇人、濁酒の醸造者が一六人、醤油醸造が一〇人いた。

　また質屋を営む者も多かった。安政二年（一八五五）時点で伊勢崎藩領内で質屋は四七人おり、文久二年（一八六二）にも九人が新規に質屋開業願いを藩に提出している。醸造業や質屋業を営んだ農民の中には名主・組頭・百姓代といった村役人を務めた者も多くいた。質屋業については質屋以外の農間商いを行いながら営業する者も多かった。

　農間商いには他にも水車稼ぎ、油絞《あぶらしぼり》稼ぎというのがあった。水車稼ぎは主に水車を使って製粉等を行うものであったが、農業用水を引くなどの事情から無断で行うことはできなかった。そのため藩に願い出て許可をもらい初めて水車稼ぎが可能となった。ただ営業開始後も水の引き入れなどが原因で近隣の農民と訴訟に及ぶということがしばしばあった。

農村での油絞稼ぎ

　油絞稼ぎは文化十三年（一八一六）には伊勢崎町に五人いた。油絞とは食用・灯用の油を菜種や胡麻などから絞ることだ。菜種・胡麻・荏胡麻《えごま》・綿実を原料と

▼江戸地廻経済
江戸時代中期に成立した江戸とその周辺地域との経済関係のこと。江戸時代初期においては京都や大坂からの下り物が江戸の経済を支えていたが、中期になると技術力と生産性の向上によって関東の商品が多く江戸に出回るようになった。

していたが、菜種は伊勢崎藩周辺地域では調達が困難であるため栗橋《くりはし》や古河《こが》から仕入れていたようである。彼ら五人は何らかの原料で油絞りを行っていた。綿実については買い入れたものを絞らずに江戸へ積み送るという仲介業務のみを行う者もいた。そのうちの一人は五〇〇〇貫（一八・七五トン）という膨大な量の綿実を買い付けていた。

　油絞りを実際に行う人員として一人か二人の油絞職人を雇っていた。彼らの中には日雇いの者もいた。また近隣に住む農民に原料を配布して農間に油を絞らせ、その見返りに絞り賃を渡すという形態をとることもあった。

　こうした油絞稼ぎは大坂の油問屋から江戸へ送られる油が減少したため、天保三年（一八三二）になると幕府から奨励されるようになる。幕府は江戸での油需要を満たすため、江戸周辺の関東地方での油絞りを増加させようとしたのだ。この結果、関東各地で農村の油絞りが盛んになり、農間油絞渡世人《のうかんあぶらしぼりとせいにん》★が多く出現した。

　横浜開港後は農間油絞渡世人がさらに増え、原料の買い占めが大きな問題となった。そこで関八州《かんはっしゅう》★の渡世人たちの願い出によって、慶応二年（一八六六）から渡世人が幕府へ冥加★を上納し、その見返りに幕府から営業の独占権を認可される方式が採用された。当初伊勢崎の油絞稼ぎは町場から始まったのであるが、天保三年の幕府による奨励以降は農村にも農間油絞渡世人が増加した。明治二年（一

▼**農間油絞渡世人**
農間稼ぎとして、油絞稼ぎを行う百姓のこと。

▼**関八州**
現在の関東地方にあたる、武蔵国・相模国・上総国・下総国・安房国・上野国・下野国・常陸国のこと。

▼**冥加**
営業の許可などの代償として幕府や藩に支払った租税のことで、主に金で納めることが多かった。

八六九）における伊勢崎藩内での油絞渡世人の数は二六人であり、そのうち町場を除けば村方の渡世人は二一人おり、農村での油絞渡世人が幕末にいかに増加したかが分かる。

川端家の多角的経営

農間稼ぎを行う者の中には一つの業種にとどまらず多角的経営に乗り出す者も現れた。伊勢崎藩では上植木村の川端家が代表的な例である。川端家は宝暦年間（一七五一～一七六四）の頃に農間稼ぎを始め、文政年間（一八一八～一八三〇）には作方《つくりかた》・貸方《かしかた》・穀方《こくかた》・質方《しちかた》・割木方《わりぎかた》・酒方《さけかた》・糸繭方《いとまゆかた》・見世方《みせかた》の八営業部門を担うようになった。生産・販売・金融などを担う多様さは現在の総合商社のようである。特に見世方では太物・古着・荒物・燃料・雑貨・小間物★・金物・干物・穀類・調味料・薬種など、ショッピングセンターのように実に多様な品物を販売した。

この川端家では糸繭方の活動も盛んであった。まず繭を伊勢崎だけでなく、前橋・高崎・境町といった上州、本庄・深谷といった武蔵の糸繭市から仕入れた。その繭は近郷の農家へ売り掛けたり、農家に配布して糸挽《いとび》きをさせ、その見返りに賃金を与えたりした。また、大間々《おおまま》（現・群馬県みどり市大間々町）の市へ出品

▼小間物
化粧品や櫛・簪・楊枝・歯磨き・紙入れ、煙草入れなどの装身具のこと。江戸時代にはこれらを商う小間物屋があった。

明治時代の座繰り
（横浜開港資料館）

して製糸農家や賃挽《ちんびき》製糸家に繭を売り掛けることもあった。このように仕入れた繭を三つのパターンに分けて扱っていたのである。これらの繭を用いて女性も各々の家で生糸生産に従事したほか、伊勢崎藩士の中にも生糸を生産した者がいたという。川端家でも生糸生産が行われ、大間々の市には繭とともに生糸も売られた。文化六年（一八〇九）の六カ月間に大間々で売られた繭は代金にして二〇〇両、生糸についいては推定であるが約五〇貫目であった。

伊勢崎河岸の石灯籠

伊勢崎市の三光町《さんこうちょう》には「伊勢崎河岸の石灯籠」という市の指定重要文化財がある。これは文政二年（一八一九）に現在地より西側の永久橋《えいきゅうばし》付近に建立されたものである。建立に際して願主となったのは河岸問屋の武孫右衛門《たけまごえもん》と江州店の近江屋太兵衛であった。灯籠を建立した目的は広瀬川を往来する船の安全と商売繁盛の成就である。彼らのほかに伊勢崎町や近郷の有力商人が金を出資して完成させた。近郷の有力商人の中には波志江村・太田村・伊与久村といった伊勢崎藩の村々だけでなく、宮子《みやこ》村・連取村といった旗本領の村々や桐生町の者も含まれていて、伊勢崎藩の村々にも有力な商人がいたことが分かる。

伊勢崎河岸石灯籠

② 絹織物産業の発展

全域で蚕糸業が盛んであった上野国の中で、伊勢崎藩では不良な繭を活用した太織絹が誕生した。太織絹生産は定期市での取引や、農村での問屋制家内工業の普及など、伊勢崎藩内の町や農村に大きな変化をもたらした。

上野における蚕糸業の普及

上州全域で繭・生糸・絹などが商品として生産されるようになったのは江戸時代中期のことである。そもそも江戸時代の初期は西陣や博多の絹織物の原材料に中国製の生糸が使われていた。ところがこの中国生糸の輸入が貿易収支を圧迫したため、幕府は貞享二年（一六八五）から何度も輸入制限を行った。さらに正徳三年（一七一三）には国産糸の使用と養蚕の奨励を幕府は宣言し、全国各地で養蚕が行われることになった。

正徳五年、西陣織の織屋が中国生糸ではなく国産糸の使用に切り替えたことで関東から東北にかけて養蚕地帯が形成され、その中に上野が組み込まれていた。もともと室町時代半ば頃の辞典『節用集《せつようしゅう》』には全国で二二の蚕糸が盛んな国が

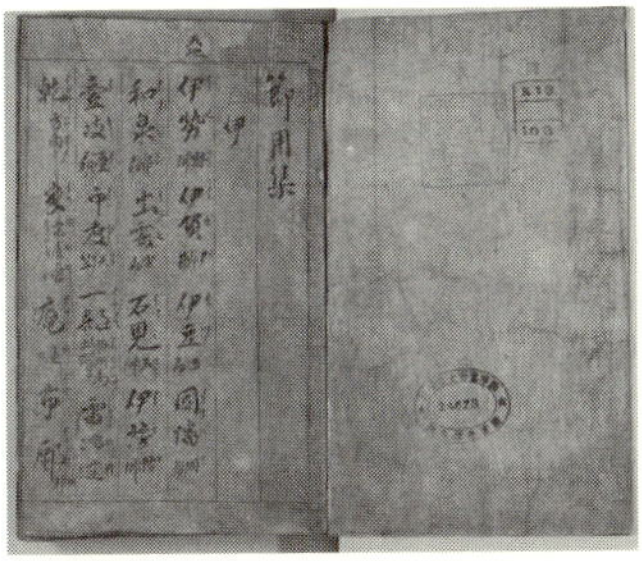

『節用集』
（国立国会図書館蔵）

挙げられているが、その中にはすでに上野が含まれていた。この頃は桐生や藤岡が主要な産地であったが、正徳五年以降は上野全域に養蚕地帯が広がっていく。

やがて地域ごとに生産構造の分化が行われるようになる。西毛《せいもう》★では上方《かみがた》★用の生絹《きぎぬ》生産が行われた。この地域では農家が養蚕から製織まで一貫して行い、生絹を絹市で売却する方式が幕末まで残された。東毛《とうもう》では桐生絹や伊勢崎太織絹の生産地域が形成された。前橋や大間々では糸繭市場が発達していたため製糸地域となり、北毛《ほくもう》は原料繭を供給する繭生産地域となった。前橋や大間々周辺を含む赤城山麓地帯の農家では養蚕から製糸までを行い生糸を糸市で売るか、糸繭商人から配布される繭で製糸の工程のみ行って賃金を得るという方式がとられた。北毛地域の利根川上流や吾妻《あがつま》では養蚕のみを行い、繭を売却する方式をとっていた。

伊勢崎太織絹の生産

伊勢崎太織絹の名前は十八世紀初め頃には全国的に知られていたようである。江戸時代の経済学者である佐藤信淵《のぶひろ》★が著した『経済要録』で、元文元年（一七三六）に大坂に集荷された絹織物の産地の中に伊勢崎の名前が記されているからだ。この太織絹はどんなものなのだろうか。生絹はいざり機★で経糸《たていと》と緯糸《よこいと》を交叉《こうさ》織りした平織で、練《ねり》・染《そめ》・張《はり》といった仕上げ工程が残されたいわば半製品であった。

▼西毛
高崎・藤岡・富岡・安中などの群馬県西部を西毛、桐生・太田・館林などの東部を東毛、沼田・渋川・吾妻などの北部を北毛という。

▼上方
京都や大坂のこと。

▼佐藤信淵
明和六年（一七六九）〜嘉永三年（一八五〇）。江戸時代後期の経世家・農学者。蘭学・神道・本草学・国学などの多種多様な学問に通じた。

▼いざり機
織る人が足を前に出し、地面や床に座りながら織る原始的な織機のこと。

太織絹は農家が農閒を利用して手製の玉糸《たまいと》と熨斗糸《のしいと》を原料として織り出していた。玉糸は玉繭《たままゆ》という二頭以上の蚕がつくった繭を使っていた。一方、熨斗糸は屑繭《くずまゆ》からつくられた。玉繭は糸が不規則に折り重なっているため本来は処分されるものだ。屑繭は楕円形をしていないいびつな形の繭で名前のとおり不良の繭であった。このように太織絹は残り物の繭を使用する。これらの繭でつくられた原料糸を草の根や木の皮などで染色した後、いざり機で丁寧に手織りをしていった。こうして織り上がった太織は一種の縞柄《しまがら》に仕上がったことから、伊勢崎縞《いせさきしま》とも呼ばれた。

伊勢崎の村方ではどれくらいの絹が織られていたのか。元文三年の記録によれば、茂呂村では六〇〇疋《ひき》★ほど、上植木村では二五〇疋ほどの絹を織っていたことが分かっている。元文三年頃の生絹・太織の生産は養蚕・製糸・織物の三つの工程が分離されることなく、一つの農家が一貫して全工程を行う形態がとられており、女性による副業生産の域を超えないものであった。ちなみに生絹を一疋織り上げるのに要した期間は、最上級の上絹が二十日、中絹十五日、低級品の下絹で十日ほどであった。このような手間をかけても収益は金一分ほどであったというが、間もなく伊勢崎藩では佐位郡を中心に蚕糸業が盛んとなっていく。

佐位郡は地味の悪い土地が多かったため稲作ができず畑作が盛んで、より多くの収入を得られる産業を模索していた。佐位郡には同じ伊勢崎藩に属する那波郡

▼疋
絹一疋は、絹を二反分巻くことをいう。二反は、着物二着分。絹六〇〇疋の場合、単純計算で一二〇〇着分の着物がつくれる計算。

よりも有利な点が一つあった。それは織物の産地として急速に成長していた桐生に近かったことである。桐生へ原料糸を供給するために養蚕を行い収入を得るという活路が見出された。養蚕の規模が拡大する中で、玉繭や屑繭といった不良品の繭も大量に産出されるようになり、それらを利用した太織の生産が伊勢崎藩で盛んになっていったのである。このように伊勢崎での養蚕、あるいは太織絹の生産は十八世紀の中頃に佐位郡の村々から伊勢崎藩内に広がっていったのである。

市における伊勢崎太織の取引

ここで伊勢崎町の六斎市で取引されていた絹と生糸の量に触れておきたい。宝暦九年（一七五九）の年間の買い付け量は、絹が約一万疋、糸が三一八〇貫★であった。それから二十年余り後の天明元年（一七八一）になると、絹が一万五〇〇〇疋買い付けられ、太織も五〇〇〇疋買い付けられている。つまり伊勢崎での絹生産は着実に増大したことになる。

上野や武蔵の六斎市で絹や生糸の取引が盛んになった状況を見た幕府は、糸市や絹市から運上（税）を繰り返し徴収しようと目論んだが、宝暦九年に上野と武蔵の絹生産者と市場の商人が連帯して反対運動を展開し、桐生領の五四カ村が反対陳情を行ったことで運上の徴収は頓挫した。天明元年にも運上徴収の動きがあ

▼貫
一貫は三・七五キログラム。生糸三一八〇貫は約一二トンに相当する。

ったが、この時には西毛で絹糸運上騒動という大規模な一揆が起こった。一方、伊勢崎を含めた東毛地域では一揆は発生せず、陳情や市の休止を行うのにとどまった。それでも根強い反対運動のために、運上徴収は実現できなかった。

染色技術の向上

十九世紀に入り文化年間（一八〇四～一八一八）になると染色技術の工夫もあり、それまでと比べて多様な縞柄が表現できるようになり、伊勢崎縞の需要が急速に増大していった。それでも藍染・紺染は布染めを想定した染色技術であったため、生糸の染色に対してはまだまだ不十分な面があった。とりわけ太織絹の緯糸に使用される熨斗糸は撚《よ》りがほとんどないため、何度も染めなければならなかった。撚りがないと糸が引き締まらず色が薄く見えてしまうからだ。だが、染色を繰り返すと糸に乱れが生じて製織工程に困難をきたすという別の問題もあり、染色を担う紺屋を悩ませてきた。

この問題を解決したのが新田《にった》郡藪塚《やぶづか》村の加藤治右衛門《じえもん》である。彼は布染めに使用されていた豆汁《ごじる》を使うことに着目した。豆汁は大豆を一夜の間水に浸して柔らかくした後、石臼で挽いたものを漉《こ》した上澄み液である。これを使うと染料が繊維につきやすくなり、染料の滲みや色落ちを防ぐ効果があった。治右衛門は豆汁に糸をあらかじめつけておき、よく乾燥させた後に糸を藍液で染める豆入染法《ごいれせんぽう》を思いついた。天保六年（一八三五）のことであった。この発明を利用した糸は以前と比べて色濃く風合いの出たものとなり、伊勢崎縞の品質向上を促進した。

文化・文政期の伊勢崎縞の色柄は黒縞・栗皮《くりかわ》縞・御納戸《おなんど》縞・格子《こうし》縞の四種類くらいであったという。これが豆入染法の発明によって藍・萌黄・青花・栗皮茶・赤茶・鼠・鉄・金茶・焦茶・赤といった多様な色を染め出せるようになり、これらの色と縞模様を組み合わせることで新しい伊勢崎縞をつくることが可能になった。またこの頃には綿密な織物を織ることも可能となったため、色の種類の増加と相まって伊勢崎縞は好評を博すようになっていった。

伊勢崎大絣の誕生

十九世紀の伊勢崎の織物界にとってもう一つ大きな発明は伊勢崎大絣《おおがすり》である。絣織は伊勢崎だけでなく全国各地の製織に取り入れられている技法で、経糸と緯糸の片方あるいは両方にあらかじめ染色した糸を用いて製織するものである。この絣織を弘化四年（一八四七）に伊勢崎に誕生させたのが馬見塚《まみづか》村の鈴木マチという女性であった。マチは手先が器用で機織りも巧みだったことから、従来の伊勢崎縞に「＋」や「＃」の模様を織り上げて人々を驚かせた。後に五月幟の製造

伊勢崎銘仙（伊勢崎明治館蔵）

をヒントにして絵の織り込みにも成功した。これが伊勢崎大絣の始まりである。明治二年（一八六九）頃になると、経糸に絹の撚糸が使用されるようになったことから伊勢崎大絣の商品化が本格化するようになった。伊勢崎藩よりも後の時代になってしまうが、改良を遂げた伊勢崎大絣は明治二十年頃には伊勢崎銘仙と呼ばれるようになり、大正初期から昭和初期にかけて全国に普及していった。

伊勢崎の村々での蚕糸業

技術改良によって伊勢崎太織の生産が活発になった十九世紀半ば、伊勢崎藩内で蚕糸業を農間稼ぎとしていた町村はどれほどあったのであろうか。安政二年（一八五五）の町村の人口や石高、農間稼ぎの様子が分かる村明細帳《めいさいちょう》をもとに明らかにしたい。町村の名前は本章第一節の表（一一九、一二〇ページ）をご参照いただきたい。この中で上植木村と下植木村は農間稼ぎの記載がないが、それ以外で蚕糸業を農間稼ぎとしていない村は「男女農業一派」と書いてある下福島村のみである。それ以外の町村では、糸機稼ぎ・養蚕機稼ぎ・太織稼ぎ・絹稼ぎなど何らかの形で製糸・製織工程まで農間稼ぎを行っているのである。このうち太織の生産を行っていたのがはっきり確認できるのは、百々村・木島村・中島村・下道寺村・太田村・宮下村・今泉村・馬見塚村・八斗島村・上淵名村・下淵名村・

小此木村・茂呂村・除村・山王堂村・境町の一七町村である。なおこれ以外にも「糸機稼ぎ」と記載されている所では生絹・太織稼ぎを行っていた可能性が高い。それらを含めると伊勢崎藩内の三〇近い町村が生絹や太織を生産していたことになるだろう。しかもこれらはすべて女性の農間稼ぎと記載されており、蚕糸業は女性が担う大切な稼ぎであったことが確認できる。

さらにこの明細帳を見ると、「太物賃機《ちんばた》稼ぎ」という記述が見られる。賃機稼ぎはいわば雇用主に雇われて機織りをして報酬を得るという労働形態であり、こうしたことが伊勢崎ですでに行われていた。

蚕糸業の問屋制家内工業化

織物業者のうちで財力に余裕がある者たちを元機屋《もとばたや》、あるいは織元《おりもと》といった。雇用主としての元機屋が出現したのは文政年間（一八一八～一八三〇）の頃といわれている。彼らは自分の資金で原料糸を買い付け、染色までの工程を行った。染色については紺屋《こうや》に依頼する場合もあった。原料糸の染色後は、縞柄を指示して賃機人の農家に配布、賃機人は自分の家で製織までを担い、元機屋に納める。元機屋に戻った製品は最終仕上げを行って商品となり、買継商の絹買宿を経て江戸や京都の呉服問屋に送られた。ちなみに縞物一疋の価格は市価一両か三分ほどであった。この太織の賃機稼ぎは問屋制家内工業★の一つであり、その発達は太織の生産性の向上に大きく貢献した。

伊勢崎藩内の元機屋の数は弘化四年（一八四七）時点で六七人である。佐位郡の上植木村・茂呂村・伊与久村にはそれぞれ村内に五人以上の元機屋がいた。彼らは同業者仲間をつくり藩から営業権を公認してもらうためこの年、藩に金一〇〇両の冥加金上納を願い出た。財政状況の窮迫に悩む藩にとって願ってもないことだったので、申し出をすぐに認めた。こうして元機屋仲間の営業権が正式に公認され、この年以後は毎年二五両ずつの冥加金を藩に上納することになった。

元機屋と賃機人の契約は、賃機人が賃機渡世《ちんばたとせい》証文《しょうもん》を元機屋に送ることで成立した。賃機人は元機屋から原料糸を前借りし、織り上がり次第製品を納入した。賃金は製品を納入した時点で相場に応じた額を受け取っていた。原料糸や製品の損失等が発生した場合は、賃機人がその責任を負うことになっていた。

幕末の横浜開港と蚕種輸出

安政六年（一八五九）に横浜が開港して、欧米向けに生糸の輸出が始まった。大量の生糸が海外に流出したことで値段が高騰するとともに、国内向けの原料糸が不足する事態となり、生糸生産に手を伸ばす農家が多く出てくるようになった。

▼問屋制家内工業
商人から原材料の前貸しを受けた者が自宅で加工を行う工業形態。繊維業において特に発展した。

ちょうどヨーロッパでは微粒子病《びりゅうしびょう》という蚕の病が流行していたことから、元治元年（一八六四）に蚕種《さんしゅ》★の輸出が解禁となった。これを受けて翌年には佐位郡島村の四三人の蚕種屋を中心に輸出を前提とした蚕種屋仲間が結成された。仲間に参加していた者は上野と武蔵の蚕種屋一八三軒で、そのうち上野の者が一三六軒で大半を占めた。伊勢崎藩内の蚕種屋も小此木村の六軒と境町の一軒が参加している。この組織が蚕種輸出の中核を担うことになったのだが、その立役者となったのが島村の田島弥平である。弥平が自身の養蚕理論を取り入れて建てたのが平成二十六年（二〇一四）に世界遺産に登録された田島弥平旧宅である（詳細は二〇〇ページの「これも伊勢崎　田島弥平旧宅」を参照）。

村方にいる商人の中には生糸を横浜に持ち出し、地元の相場と横浜の相場の差を利用して売買利益を得ようとする者も出てきた。商人は生糸の売り込みのために横浜に一定期間逗留することもあり、生糸だけでなく蚕種の売り込みを行う者もいた。

▼蚕種
「さんたね」とも読む。蚕の卵のことで、蚕種業者は蚕卵紙に産卵させて販売した。これを買い取った養蚕農家が卵を孵化させて、蚕を育てた。

田島弥平

③

日光例幣使道と伊勢崎の河岸

伊勢崎には日光例幣使道が通り、毎年大きな賑わいを見せていた。特に境宿は長年正式な宿ではなかったにもかかわらず、交通の要衝として繁栄した。一度に多くの物資を輸送できる水運の拠点である河岸も発展し、江戸からは様々な生活必需品が輸送された。

日光例幣使道と伊勢崎藩

江戸時代の交通の主流といえば街道と船であったが、伊勢崎藩内には日光例幣使道が通り、利根川と広瀬川には河岸がつくられて多くの船が行き来した。日光へ赴く公家や大名が通行する日光例幣使道には伊勢崎藩内の人々の存在が不可欠であった。また伊勢崎の河岸問屋は江戸から伊勢崎への船荷、伊勢崎から江戸への船荷を輸送する物流の重要な担い手となっていた。

江戸幕府を開いた徳川家康は、元和二年（一六一六）四月十七日に七十五歳で亡くなった後、駿河国の久能山《くのうざん》に葬られた。後に久能山東照宮と呼ばれる場所である。翌元和三年に僧の天海の主張により家康の遺体を日光に改葬するため、新たに日光に社殿が造営されることになった。同時に朝廷からは東照大権現《とうしょうだいごんげん》の神

久能山東照宮

号を与えられている。この当時、日光の社殿は日光東照社と呼ばれていた。

正保二年（一六四五）に朝廷から宮号宣下が行われて東照社は東照宮と呼ばれるようになった。この宮号宣下で、日光東照宮に家康の命日の法要に際して朝廷から奉幣使《ほうへいし》が毎年派遣されることになったのである。これが日光例幣使の起源で、以後慶応三年（一八六七）の大政奉還まで派遣された。

さて例幣使は天皇の名代として重要な使いであるため、朝廷内でも比較的官位の高い公卿が任命された。彼らは京都を例年三月末から四月一日までの間に出発し、中山道を通って上野の倉賀野《くらがの》宿まで至った。ここから例幣使道を進み、今市《いまいち》宿から日光道中に入って日光には四月十五日に到着するというのが恒例であった。翌十六日に神前に金の幣帛《へいはく》を奉納した例幣使は、帰路は例幣使道ではなく日光道中を江戸に至った。江戸では将軍や御三家の慰労を受け、その後東海道を通って京都に帰った。京都到着が四月末であるから、往復で約一カ月を要した。

例幣使が往路のみ利用した例幣使道は、豊臣秀吉の時代にはすでに街道としての機能を果たしていたようである。当時は単に秀吉の膝元である大坂へ上る東北の大名が野営をしながら通行するくらいであったという。江戸幕府が成立した後の寛永十九年（一六四二）になると宿駅として柴宿、玉村宿の整備が完了し、翌寛永二十年には境町の整備も行われ、宿場は全部で一三つくられた。このうち上野には玉村・五料・柴・木崎・太田の五つの宿があり、伊勢崎藩内には柴宿が存

日光参奉『大日本歴史錦絵』
（国立国会図書館蔵）

在した。幕末になり柴宿と木崎宿の間に境宿が新設された。ここで長らく伊勢崎藩内の唯一の宿場であった柴宿の状況を見てみよう。

柴宿の様子

柴宿は利根川の東岸に位置する宿場であった。現在でも玉村町側から五料橋を渡るとすぐに柴町に入る。利根川のすぐ西岸には五料宿があり、利根川を挟んで五料宿と柴宿が立地していた。柴宿の役割として重要だったのは、利根川を渡ることの可否を判断することである。川が増水して渡れなくなることを川留《かわどめ》、川の水が引いて渡れるようになることを川明《かわあけ》といった。川留になった場合は、柴宿に宿泊しなければならなかった。当時利根川を渡る橋はなく、人も荷物も渡し船で川を渡っていたからである。江戸方面から行くと利根川を渡ってすぐの場所にあり、通常では柴宿で宿泊をする人は少なく、利根川を渡る前後の休憩所としての意味合いが強い宿場であった。

それでは柴宿にあった施設について触れていこう。柴宿を構成していた柴町・中町・堀口村の三町にはそれぞれに問屋場《といやば》が置かれていた。問屋場とは人馬の継ぎ立てを取り仕切るところで、いわば宿場の本部である。この問屋場がなければ宿場とは認められなかった。柴町・中町・堀口村にあった問屋場は、輪番でその

例幣使道柴宿

業務を行っていた。また川留と川明の判断を行っていたのも問屋場であった。この判断にはどんなに身分が高い者であっても従わなければならなかった。

問屋場と本陣

宿場には宿泊の施設が必要だが、公家や大名、幕府の役人などの賓客の宿泊場所は本陣、一般庶民の宿泊場所は旅籠《はたご》というように区別した。これはどの宿場においても同様である。本陣を担当する家は固定されていて、柴宿では関根家が代々甚左衛門《じんざえもん》を名乗って本陣役を務めていた。

本陣は柴町にこの一軒のみであったが、本陣で働く料理人や給仕に対する賃金や掃除の人足は三町で負担した。また、公用の宿泊者に対する賄いが不足した場合は三町で均等に負担することになっていた。こうした三町での負担が取り決められていたのは、柴町に本陣を経営できるほどの予算が不足していたためである。本陣は庶民が宿泊しないという性格上、客引きで収入を増やすことは見込めなかった。そのうえ公家や大名からは道中奉行★が定めた額の謝礼しか受け取ることができなかった。こうした謝礼では本陣の経営を維持するには不十分であった。これは柴宿の本陣に限った話ではなく、他の地域では本陣の経営が財政的に行き詰まって本陣役を務める者が破綻するケースもあったくらいである。

柴宿本陣跡

▼道中奉行
街道の宿場の取り締まりや道路・橋梁の管理、助郷の監督等を行った幕府の役職。大目付と勘定奉行からそれぞれ一名ずつ兼帯することになっていたが、弘化二年（一八四五）からは大目付のみが兼帯するようになった。

宿場には人馬の継ぎ立てや通行人の宿泊・休泊といった公務を負担する代償として地子代米《じしだいまい》・問屋場給米・継飛脚給米《つぎびきゃくきゅうまい》といった補助や、その土地の税が免除されるといった特典が与えられた。ところが柴宿にはこうした補助や特典は一切なく、ただでさえ収入が少ないなかで経営は大変な困難を極めたことであろう。伊勢崎藩から金七五両を拝借したこともあった。この借金は無利息で十カ年均等で返済するという約束であった。

柴宿の本陣を利用したのは公家や大名、門跡《もんぜき》★であったが、前述したように宿泊することは稀で、ほとんどが休憩という形だった。大名は参勤交代のためにこの街道を利用する者はなく、京都所司代★や大坂加番★などに任命された大名が就任の際の宣誓の意味で日光東照宮を参詣するために例幣使道を通り本陣を利用する程度であった。文化十二年（一八一五）に京都所司代に就任した大久保忠真《ただざね》★が柴宿本陣で総勢約五〇〇人を引き連れて昼休みをとった。そのうち、本陣で昼食をとった者は五六人で、彼らのために二種類の昼食を用意したようだ。本陣は大久保から金三〇〇疋と、昼食代として銭三四二六文を拝領し、伊勢崎藩からも御馳走代として金五〇〇疋を拝領した。本陣では馬の世話も行われたので、大久保から馬の世話代として銭一四〇〇文も下賜された。

▼**門跡**
特定の寺院の住職を務めた皇族や公家。彼らが入寺した寺院を門跡寺院と呼び、青蓮院、仁和寺、輪王寺などがあった。

▼**京都所司代**
朝廷の管理・監督、西国大名の監視等を行った幕府の役職。

▼**大坂加番**
定番・大番とともに大坂城の警備を行った幕府の役職。定員は四名。

▼**大久保忠真**
天明元年（一七八一）〜天保八年（一八三七）。相模小田原藩主。寺社奉行・京都所司代・老中を務めた。

例幣使の駕籠落ち

ところで、当時の公家が財政的に貧しかったことは街道の通行の際にも表れた。日光へ赴く道中で費やす銭にも苦労するありさまであった彼らは、宿場の者や村役人からお金を求めた。しかもかなり悪辣な方法であったという。公家は通行の際に駕籠で移動するが、その駕籠持ちは助郷の村人が担っていた。駕籠持ちの村人は専門家ではないことから、駕籠に乗る公家はそれにつけこんでお金を貰えれば駕籠から降りて歩くと持ちかけるのである。応答がないと、公家は乗っている駕籠を中でゆすって担ぎにくくする。それでも無視していると、公家は駕籠からわざと転げ落ちて文句を言って刀を抜いて脅した。こうなると駕籠持ちは村役人とともに謝罪するしかなく、償いとして公家にお金を渡して事を収めたのである。むろんこれは公家が故意に行ったもので、例幣使になるほどの上級の公家がこうした行為に走るほどに彼らは困窮していたのだ。これは「例幣使の駕籠落ち」と呼ばれていて、金品を脅して奪うことを「ゆすり」というがその言葉の語源はここから来ている。

このような方法が常にとられていたわけではないが、公家が宿場の者や村役人から貰うお金を入魂金《じっこんきん》といった。この入魂金は本来禁止されていたが、江戸時代後期にはほとんど守られなかったようだ。それどころか時代が下るにつれて、入魂金は宿場であらかじめ渡されるようになった。当初は助郷として臨時の駕籠持ちや荷物持ちになっていた百姓に持たせていた。「例幣使の駕籠落ち」のようなトラブルを回避するためにこうした手段がとられたのであろう。

驚くべきことに本陣の支出に占める入魂金の割合は六割前後にも及ぶ。ただでさえもてなしの費用にも苦しむ中で、入魂金がこれほどの割合を占めていたことは本陣の財政的負担がいかに大変であったかを示している。

通常の例幣使は公家二人で、それに伴揃いの者が一〇〇人前後だった。これが家康の百五十年忌や二百年忌といった五十年ごとの神忌《しんき》★となると多くの要人が通行することになる。この場合、本陣だけでは要人の宿泊や休憩に対応できないので柴町に一軒ある脇本陣も利用していた。本陣が改修工事等で使えない際にも脇本陣が本陣の代わりに使われていた。

▼神忌
徳川家康の命日である四月十七日を指す。毎年日光東照宮で法要が行われた。

柴宿の旅籠屋

街道を通行する庶民が利用した宿が旅籠屋である。文化二年（一八〇五）には柴町に一〇軒あり、中町には三軒あった。柴町の方には飯盛女が一軒につき二人いて、中町にはいなかったと思われる。

飯盛旅籠屋は宿場を繁盛させる力を持っていたが、風俗を乱す一面もあった。飯盛女は文字どおり客に食事を提供する給仕の役目をする者もいたが、売春を行う者もいた。江戸時代にもこうした飯盛女を嫌う者たちがおり、飯盛女との関係が薄い旅籠屋を求める人々が増えていった。こうした人々のために文化元年に浪花講《なにわこう》という飯盛女を置かない健全な旅籠屋の組合が結成され、柴宿では入升屋《いりますや》という旅籠屋が加入している。浪花講に加入した旅籠屋は軒下に浪花講宿という大きな看板を掛けていた。

柴宿での継ぎ立てと助郷

柴宿の西隣は五料宿、東隣は木崎宿であった。旅人からの要望があった場合、問屋場は常備人馬を差し出し、これら二つの宿のどちらかへ荷物等を継ぎ送っていた。江戸時代はその宿の人馬が隣の宿を通り越す附通《つけとお》しという行為は禁止されていて、柴宿の人馬は西は五料宿の次の玉村宿、東は木崎宿までの差し出しであった。西が玉村宿までとなっているのは、五料宿が利根川を挟んですぐの場所にあったためと考えられる。

明和元年（一七六四）に例幣使道が五街道に準ずる街道として道中奉行の管轄となった。これを受けて明和三年に公定の駄賃が決定した。人足の賃銭は五料ま

木崎宿の碑

でが二〇文、木崎までが七六文であった。馬一頭に積める荷物の分量を一駄と言うが、荷物一駄を継ぎ立てるには五料まで四〇文、木崎まで一五六文かかった。駄賃は寛政十一年（一七九九）には値上がりし、一割五分増しとなった。

例幣使道では各宿場が人足二五人、馬二五匹を常備することになっていた。このうち人足五人と馬五匹が囲人馬《かこいじんば》といっていつでも使用可能な状態にしていた。だがこれだけの人馬では到底足りないので、周辺の村々が助郷として人馬を負担していた。柴宿では十八世紀の中頃まで伊勢崎藩の裁量で助郷の村が決められていたが、明和三年に幕府によって定助郷《じょうすけごう》二四カ村が決定した。この中には小泉村も含まれているが浅間山大噴火のために村が消滅してしまったため、その代わりに伊勢崎藩領ではない宮子村と飯塚村が加えられた。

助郷人馬が使用されるのは例幣使の通行や大名の通行の際に限られていた。まず囲人馬を使い一日で囲人馬を使い果たした場合は二五人、二五匹の人馬を使い、それでも足りない場合に助郷人馬が使われていた。助郷人馬の割り当てが必要になると問屋場が助郷村の名主に触れを発し、村の名主は人馬を選んだうえで定められた日付までに差し出した。人馬を必要とするのが早朝という可能性もあったので、その際は前夜に宿場に詰めておかなければならなかった。一般的に助郷人足を差し出すと、その人足が所属する村の名主に問屋場から人足賃が渡されるが、柴宿では村の年末の勘定の際に支出から差し引く形式をとった。

間宿境町

柴宿と木崎宿の間に位置した境町は宿場ではなく、要人の通行の際に休憩所としての役割を担った間宿《あいのしゅく》であった。境町は例幣使道の開設によって発展を遂げた町で、その賑わいについては前に述べたとおりである。

交通の要衝という意味では境町の方が正式な宿場である柴宿よりも発達していた。境町を通っていた道を列挙すると、①前橋・伊勢崎方面から利根川を渡り、中山道熊谷宿に至る脇往還の江戸道、②新田郡尾島村元宿を経て館林に至る館林道、③下野国足尾銅山から平塚河岸へ至る道筋、④武蔵本庄宿を経て秩父へ至る秩父道、そして、⑤日光例幣使道などと、四方へ道が延びていた。このうち境町の発展に大きな影響を与えたのは①の江戸道で、平塚河岸には江戸からやってきた生活物資や、利根・吾妻方面から江戸へ送り出される穀類・薪炭が集まってきたため、多くの往来があった。

横通り継ぎ立て

境町は交通の要衝であったことから、継ぎ立てを行う先は一三カ所もあった。

その大半が上野であったが、本庄や深谷の中瀬《なかぜ》村と武蔵にも二カ所の継立場所があった。これだけの継立場所があると継ぎ立ての差配は困難を極めるため、江戸時代中期以降境町は問屋場の設置を幕府へ再三願い出たが、なかなか実現しなかった。やむなく境町は横通り継ぎ立てを行わざるを得なかった。

横通り継ぎ立てとは、幕府の役人や大名などの公的な荷物を問屋場を通さずに継ぎ立てることをいう。その運用方法は、まず境町の名主に役人や大名からの人馬差出の先触れが出される。これを受けて町名主は伊勢崎陣屋に人馬願いを提出し、陣屋は領内の村方に人馬差出を命じる、というものであった。人馬を差し出した村方は中島・百々・木島・下淵名・上淵名・東新井・上植木・下植木の八カ村である。これらの村々から差し出された人馬を境町の名主が差配し、継ぎ立て業務を行っていたのである。

境宿の誕生

境町による問屋場取立ての願いは再三にわたり行われた。時代が下るにつれて、街道の交通量がさらに増加したためである。天明八年（一七八八）には先年の浅間山大噴火による交通量の増加を理由に問屋場取立てを願い出たが、伊勢崎藩の役人の働きかけにもかかわらず幕府はこの要求を却下した。この要求は浅間山大噴火によって中山道の代わりに三国道の交通量が増加し、それに伴って江戸道の交通量が増加したことによるものであった。幕府が再三要求を却下したのは、幕府の財政事情の悪化から問屋場の維持にかかる膨大な負担を抑え込みたかったからである。

時代は下って文久三年（一八六三）、境町周辺の村々に中山道倉賀野宿の当分助《とうぶん》郷★が命じられた。当分助郷といってもこの時代の状況からしてほとんど定助郷と変わりはなかったため村々は一斉に反対したが、反対要求は却下された。こうした状況を見て境町は逆に問屋場取立てを願い出た。伊勢崎藩の江戸役人も働きかけた結果、倉賀野宿当分助郷は免除され、問屋場取立てがようやく実現した。こうして境町は境宿として日光例幣使道の宿場となったのである。

境町の助郷を務めた村は、横通り継ぎ立ての際に人馬を差し出した村々のほか、小此木村・太田村・宮下村を加えた一一カ村であった。この時問屋場の責任者となったのは境町の本陣役も務めていた織間常右衛門《おりまつねえもん》という人物であった。境町には宿場となる以前から本陣が存在し、しかも本陣が二軒あり、問宿としては全国的にも珍しい。次に境町の本陣と、織間家について見てみよう。

▼当分助郷
助郷負担の期限に制限を設けない臨時の助郷役のこと。

境町の本陣と織間家

境町は伊勢崎藩主が参勤交代で江戸と伊勢崎を往復する際に重要な休憩場所であった。藩主は江戸から中山道を熊谷宿まで至り、そこから江戸道に入って武蔵国から利根川を渡った。利根川を渡るとすぐ境町であるのでここで一息ついてから伊勢崎陣屋に入るという行程をとっていた。そのため、藩主の休憩場所として本陣が必要だったのである。

境町の本陣役は飯島家が最初で、藩主はほとんど飯島本陣を利用していた。宝暦年間（一七五一～一七六四）頃になると織間家が本格的に本陣役を務めるようになったとされている。織間家の本陣は宿泊業務を行わない一時休憩施設である茶《ちゃ》屋《や》本陣《ほんじん》として、元禄年間（一六八八～一七〇四）にはすでに例幣使に利用されていたようである。どちらかといえば織間本陣を公家たちが利用し、飯島本陣を上級武士や伊勢崎藩の関係者が利用することが多かったという。

その後安永九年（一七八〇）に飯島家の本陣屋敷が破損してしまったため、藩主忠温は織間本陣を利用した。これ以後も飯島本陣は日光へ行くための徳島藩主一行の休息に利用されたものの、文政十一年（一八二八）に飯島家は休役を命じられ、以後しばらく織間家のみが本陣役を務めた。

安政元年（一八五四）になると飯島家の屋敷も整備され、伊勢崎藩から再び本陣役を務めるよう命じられた。これを機に飯島家と織間家が交互に本陣役を務めることになった。

境町飯島本陣跡

境町織間本陣跡碑

日光例幣使通行の流れ

ここで例幣使がどのように通行し、宿場で休息をとっていたのか見ていきたい。例幣使が柴宿で小休止をとる場合、前日に倉賀野宿か玉村宿に滞在している例幣使に柴宿の本陣の主人と宿場役人がご機嫌伺いに出向く。当日になると例幣使の位置を把握するために遠見人足《とおめにんそく》という連絡係が玉村宿と五料宿に派遣された。

例幣使が利根川を渡り切ると五料宿の人足が舟から荷物を降ろし、例幣使一行は行列を整えた後に宿役人の案内で本陣に入った。ここでは藩の代官が出迎える。五料宿から来た人足はここで柴宿の人足と交代する。

例幣使が本陣にいる間、奇妙な出来事が起きた。金の幣は疱瘡や麻疹が軽く済むご利益があると信じられていたため、例幣使の持つ金の幣を入れた御櫃《おひつ》の下を子どもに潜らせようと、多くの親子連れが本陣の周りを訪れたのだ。例幣使は番人に少しの銭を取らせて子どもたちに御櫃の下を潜らせた。こうした行為はどの宿場でも行われ、例幣使の重要な収入源となった。その後例幣使は柴宿本陣を出発し木崎宿を目指すことになるが、そこまでの荷物の継ぎ立てを柴宿の人足や馬が行った。

神忌通行の流れ

家康の五十年ごとの神忌にあたる年の通行は平年とは比べ物にならないほど大変なものであった。まず人足だけで一〇〇人余りの役割を割り振らなくてはならないなど、通行するための下準備が大変だった。いざ通行となっても、平年とは異なり名代一行だけの通行では済まない。まず三月二十五日頃に楽人衆の通行がある。続いて三月二十八日と四月六日から十二日の間に青蓮院宮《しょうれんいんのみや》や梶井宮《かじいのみや》といった門跡一行の通行が行われる。そして最後に例幣使の通行がある。

文化十二年(一八一五)の家康二百年忌の際に柴宿が継ぎ立てた人馬は、人足四七〇二人、馬三三二四匹であった。このうち宿人馬で人足一四八五人と馬三二六四、助郷人馬で人足三二一七人と馬六四匹を継ぎ立てた。加えて五十年ごとの神忌の際には宿場を通過することができる通人足《とおし》がいた。三七九八人の通人足が柴宿を通過したため、この年の神忌で柴宿が通した人足は柴宿の人足を含めて八五〇〇人にのぼる。

文化十二年の神忌での通行と文化十五年の一年間の通行量を比較すると、文化十五年は馬の数を人足に換算して七〇一二人だから、神忌のための一回の通行だけで通常の年の一年間の通行量を超えてしまう。特別な神忌の年の通行がいかに大がかりで、宿場にとって大変な苦労を伴うものであったかが分かるだろう。

ここまで日光例幣使道の柴宿と境町を例に通行者に対する継ぎ立て・宿泊の業務や、それに関わる人々の様子を見てきた。こうした歴史は、公的な業務を遂行するうえでの民衆の苦労とともに、公家や大名といった要人と庶民との定期的な関わりがこの地方にもあったことを示している。続いて江戸時代においてもう一つの重要な交通手段であった水運について見ていこう。

伊勢崎の水運と河岸

人や物資を大量に輸送するトラックや鉄道、飛行機がない時代、一度にたくさんの物資を運ぶことができる交通手段は船であった。現在ではほとんど衰退してしまっているが、船は近代になって鉄道が発達するまで商品流通や文化の伝播の重要な担い手であった。四方を海に囲まれていない群馬県では現在の生活に船との関わりを見出すことはとても困難であるが、江戸時代には伊勢崎藩内でも水運は生活になくてはならないものであった。

伊勢崎地域には利根川と広瀬川という二大河川が流れている。伊勢崎藩にはこの二つの河川にそれぞれ二つずつ船を寄せる河岸があった。利根川沿いの柴町の靭負《ゆきえ》河岸と八斗島村の八斗島河岸、広瀬川沿いの伊勢崎町の伊勢崎河岸と中島村

伊勢崎河岸から見た広瀬川

柴宿付近の利根川

の中島河岸である。これらの河岸に様々な物資が集まっていた。

船荷を船で輸送する際には河岸問屋の存在が不可欠だ。河岸問屋が扱った船荷を見ていくことで、伊勢崎の河岸にどんな物資が集まっていたかを見ていきたい。

河岸問屋

河岸問屋の業務は船荷の継送りとそのための船の差配であり、水運については船を持つ船問屋が行った。伊勢崎河岸の場合は多くが島村の船主が持つ「島村舟」を利用した。伊勢崎河岸にはもともと孫右衛門家と喜兵衛家という二軒の河岸問屋があったが、喜兵衛家が宝暦八年（一七五八）に触れで禁じられていたにもかかわらず無宿者を泊めるという一件があり、それ以降は孫右衛門家のみが河岸問屋となった。この孫右衛門家が伊勢崎河岸の石灯籠を建立する願主となった武孫右衛門の家である。

河岸問屋の経営は荷主から徴収する口銭《くちせん》★と蔵敷料《くらしきりょう》★によって成り立っていた。この中には荷物輸送の取次手数料や運賃、荷物の保管料が含まれ、問屋の収入になるとともに、船頭や水主《かこ》★の賃金となった。

伊勢崎河岸には江戸から糠《ぬか》や塩が送られてきた。糠は田畑の肥料として使われた。他にも綿織物・麻織物・古着・紙・水油・瀬戸物・醤油といった生活必需品

▼口銭
河岸問屋が荷主から徴収した荷物の運送料や仲介手数料。こうせんとも。

▼蔵敷料
河岸問屋が荷主から徴収した、荷物を蔵に保管するための料金。

▼水主
船を動かす人のうち、船頭以外の者のこと。

が江戸から送られてきた。一方、江戸へ行く荷物には薪炭・米・大豆などがあった。米には藩から輸送される年貢米も含まれる。文化年間（一八〇四〜一八一八）の頃には年間で糠五〇〇〇〜六〇〇〇俵、塩三〇〇〇〜四〇〇〇俵を扱った。

河岸問屋の収入は船荷の継送りにとどまらなかった。彼らは荷物の保管のための倉庫を持っており、保管のために蔵敷料を取ることでも大きな収入を得ていた。伊勢崎河岸には貸蔵四棟、荷小屋四カ所、貸家一棟があって、荷物の一時あるいは長期の保管を行った。

靭負河岸と八斗島河岸

靭負河岸と八斗島河岸は慶長年間（一五九六〜一六一五）にはすでに創設されていたといわれている。明暦三年（一六五七）に発生した明暦の大火で江戸城が焼失した際は、再建のために足尾で造られた銅瓦が利根川の水運で運ばれている。この時に八斗島河岸から一艘の船が出されている。

藩は二つの河岸を江戸入用米の積み出しのために利用しているが、それほど利用頻度は高くなかったという。むしろ靭負河岸は前橋道に接続していた河岸であったので、前橋行きの上りの商人荷物を扱う場所であった。八斗島河岸は伊勢崎町から遠い位置にあったことから、商人荷物についてもあまり扱われなかった。

八斗島河岸跡に架かる坂東大橋

靭負河岸

④

悪化する村々の治安

近世後期には伊勢崎でも無宿者が横行し、治安が悪化していった。藩では村内を取り締まる役職を設けるが、効果はほとんどなかった。そこで、幕府の改革に対応して伊勢崎町寄場組合が設置され、藩内の治安維持に藩内の全村が一つにまとまって対応することになった。

無宿の横行

蚕糸業と織物業の発展で、文政年間（一八一八―三〇）から無宿になる男が増加することになった。伊勢崎藩内の産業を発展させたという意味で、女性が蚕糸業と織物業に従事した功績は大きい。女性もこれを機に一家の稼ぎ頭となる者が増えた。この頃の伊勢崎藩士の年収は三両程度であったのに対して、女性の年収は一二両もあった。しかも、藩士には米を市場で売る余裕はなかったが、女性は働けば働くほど稼ぐことができたのである。蚕糸業と織物業に女性が従事することで、男女間の収入の格差が生まれたのである。また、百姓の男性は約二・三反ほどの田畑を保有して耕作していたものの毎日仕事があるわけではなかったため、農閑稼ぎに従事するが、どうしても暇になってしまう。こうなると、男性の中には暇を持て余して遊びに出る者が出てくることになる。

　当時の遊びといったら博奕であった。博奕のための金を初めは女の稼ぎから調達するが、それが底を尽きると親類や近所を頼る。さらにそれが頼れなくなると、ついには乱暴に及んで強引に金を調達せざるを得なくなる。村にこうした男を置いておくのは厄介であるから、村から追放する。こうして追放された者は無宿となる。江戸時代の百姓は誰もが五人組に所属していたため、その中の者が罪を犯せば連帯責任を負うことになってしまう。そこで、五人組の名簿である五人組帳に張り紙をして該当人物をいわば戸籍から除くのである。これを帳外《ちょうはずれ》という。帳外になった無宿は悪事を働くことが多かったため、こうした者は「札付き」と呼ばれて忌み嫌われた。

　無宿となる者にはもう一つのパターンがある。それは一定期間以上行方が分からなくなった者が無宿となるというものである。行方をくらます理由は、生活苦や借財の返済困難の場合が多かった。行方不明者が出ると、藩役所から「尋《たずね》」を命じられ、あちこちを探し回ることになる。だが、いつになっても帰村せず、見つからない場合は五人組帳から帳外となる。

　無宿は追放された身であるから、もとの村にいることは許されなかった。また、無宿を匿《かくま》っていることが分かった場合には藩から過料を命じられた。もっとも無宿は不法を働く恐れがあったから、村としても他所へ出ていくことを望んだ。

関東取締出役の設置

もともと無宿になる者はいたが、彼らの集団行動が顕著になったのは文政年間（一八一八～一八三〇）からである。この頃には無宿が博奕の胴元となって、盛んに資金稼ぎを行った。無宿が行う博奕に手を出す百姓も多かった。これを見込んで無宿は、河川改修など百姓が大勢集まる場所で博奕を行ったのである。

その他にも無宿は百姓の家に強盗に入って家の者に乱暴を加え、金を盗むといった悪事を繰り返した。こうした無宿の不法行為のために、藩内の治安は悪化した。これらに対する取り締まりには関東取締出役《かんとうとりしまりしゅつやく》があたった。関東取締出役とは、上野、下野《しもつけ》、常陸《ひたち》、上総《かずさ》、下総《しもうさ》、安房《あわ》、武蔵《むさし》、相模《さがみ》のいわゆる関八州を領分の区別なく取り締まる幕府の役職である。従来、領内の取り締まりには藩では目付、幕府領や旗本領では火付盗賊改があたっていた。しかし、江戸時代は藩領、幕府領、旗本領が入り組んでおり、罪人が隣り合った他領に逃げ込んだ場合にそれを追うことができなかった。そこで、文化二年（一八〇五）に設置されたのがこの役職で、八州回りとも呼ばれた。

伊勢崎藩でも文政八年（一八二五）に取締頭取と取締下役《したやく》を設置して役人に村内の取り締まりを命じた。村々には村々取締役を設置して、百姓自身による取り締まりも命じた。しかし、長脇差や鉄砲を所持する無宿にはまったく効果がなかった。

伊勢崎町寄場組合の誕生

関東取締出役による巡回警備は、道案内に目明しといって無宿を利用している時点でその効果は目に見えていた。そこで、幕府は文政十年（一八二七）に新たな関八州の取締方法を確立する。これは文政の改革と呼ばれるもので、無宿の取り締まりに対する村々の協力を確実にしようとしたのである。具体的には、長脇差、賭博、徒党の禁止、無宿や浪人の取り締まりなどである。そして、幕府領・私領の区別なく近隣の村々を組み合わせて改革組合村を組織し、村々の協力で治安を維持させるようにしたのである。組合村を統括する村や町は寄場《よせば》とされ、交通や商品流通の要衝となる村や町が選ばれることが多かった。伊勢崎藩では伊勢崎町が寄場となり、七八カ村を束ねる伊勢崎町寄場組合が組織された。

衰えない無宿と博奕

伊勢崎町寄場組合の結成をしても、無宿の横行を防ぐことはできなかった。幕末になってもこうした状況は続いた。それどころか、元治元年（一八六四）には下植木村の百姓が六斎市で糸を買ったところ、後にその売り手が無宿でしかも糸が盗品だということが発覚する事件があった。社会の見えないところに無宿がはびこってしまった典型的な例である。少し前の安政五年（一八五八）には、境町で百姓が無宿を仇討ちしたという届けがあり、伊勢崎陣屋の役人が検分を行ったという事例もある。この事件は、常陸国で百姓をだまし殺して逃亡した無宿を百姓の息子が江戸、信濃国、越後国を三年余り捜し回り、境町に居場所を突き止めたというものである。息子は無宿を棒でめった打ちにして仇をとった。

無宿の資金源となる博奕はとどまるどころか、百姓にも広く流行してしまった。文久三年（一八六三）六月の記録では、博奕場に踏み込んだ際に押収した金や罰金として合わせて五四両二分二朱、銭一貫五〇〇文と記されている。村の取り決めでは博奕の罰金は五貫文くらいであるから、これを仮にすべて罰金とすると少なくとも六〇人は博奕に関わっていることになる。博奕に関わっていた者の検挙は、藩の盗賊方も行っていた。盗賊方は、毎夜十カ村ほどを二手に分かれて巡回する役職であり、世情の悪化や米価の高騰などの際に命じられるものであった。

博奕や強盗などを行った無宿は伊勢崎陣屋内の牢屋に預けられた。文久三年の記録では、牢屋内の囚人の半分近くが無宿であったというから、伊勢崎藩内で無宿が横行し続けたことが容易に想像できる。

これも伊勢崎

伊勢崎のグルメ②

多国籍料理

伊勢崎には多くの外国人が暮らしているので、様々な国の料理が食べられる。

ベトナム料理（デリイチ）

牛肉のフォーと生春巻きのセットは最高である。夏には限定で冷やしフォーが食べられる。

牛肉のフォーと生春巻き

パキスタン料理（マーディナ）

店内ではパキスタンのケーブルテレビが流れ、パキスタンの方々がたくさん訪れる。ターリーという三種類のカレーと丸いナン二枚のセットは八〇〇円。完食すると、この値段でいいの？　というくらいお腹いっぱいに。

ところで、マーディナの近くには県内初のイスラーム教礼拝施設である伊勢崎モスクがあり、ムスリムでなくても見学をさせてもらえる。こうした外国の文化を生で体験できるのも伊勢崎の魅力なのだ。

カレーとナンのセット

ブラジル料理（スーパータカラ伊勢崎店）

スーパータカラはブラジルの商品を扱うマーケットで、それだけでも異国情緒が体験できる。そこに併設されたレストランではボリュームたっぷりのブラジル家庭料理が味わえる。メニューも豊富だが、ポークスペアリブの定食がおすすめ。

ポークスペアリブの定食

中華料理（上海龍亭）

安さと早さから昼時に多くのお客さんが集まるお店。青椒肉絲とエビチリの合わさった定食は八八〇円。

夜の宴会コースもとても安い。三五〇〇円飲み放題でとてもお得。

青椒肉絲とエビチリ定食

第五章　幕末の伊勢崎藩

幕末のめまぐるしい情勢に、藩として対応に追われた時代。

1

開国と伊勢崎藩の対応

幕末の開国とそれに伴う尊王攘夷派の過激な行動、生麦事件に伴うイギリスとの戦争危機に対して、伊勢崎藩も藩兵を出動させることで対応する。幕末の劇的な情勢に、伊勢崎藩も否応なく巻き込まれることになった。

ペリーの来航

嘉永六年（一八五三）六月三日、ペリーの艦隊が浦賀《うらが》（現・神奈川県横須賀市）に来航し、アメリカ大統領の国書を手渡して、開国を要求した。幕府は国書を受け取ったものの開国については来年に返答することを約束した。

この事実が幕府から伊勢崎藩に伝えられたのは六月十日であった。この時の触れには、浦賀に来航したペリーの艦隊が内海に侵入する可能性も考えられる。その場合には江戸の芝から品川辺りに屋敷を持つ大名は各自屋敷の防御を固めるように、と書かれていた。伊勢崎藩は該当地域に屋敷を持っておらず、特にこの触れに対して反応する必要はなかった。十一日、江戸屋敷から飛脚が来て、ペリーが上陸したことが伝えられ、足軽二六人と郷雇《ごうやとい》を江戸へ派遣するようにとの通

宗藩の居城姫路城

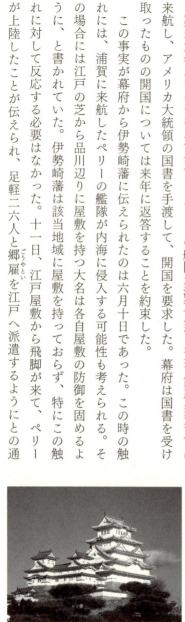

達が伝えられる。これは宗家酒井家の要請によるもので、嘉永三年には今回のような事態を想定して江戸と伊勢崎の間で足軽等を派遣するように相談がなされていたようである。この通達を受けて足軽と郷雇合わせて五七人の派遣が決まった。十二日、足軽と郷雇が江戸に向けて出発し、翌日には火薬の材料煙硝《えんしょう》三〇貫が通人足六人によって昼夜兼行で運搬された。だがペリーは十二日にはすでに日本を離れており、この知らせが伊勢崎に届いたのは十五日であった。奇しくも足軽と郷雇が江戸へ向けて出発したのはペリーが離れたその日であり、十八日には知らせを受けて伊勢崎に帰ってきている。

ペリー再来航に備えて

次の年のペリー再来航に備えて幕府では品川台場の建設を行い、大船《おおぶね》建造の禁★を解除するなど非常事態に備えて海岸防備を強化することに努めた。伊勢崎藩は江戸で非常事態の際に動ける人員を二五〇人増員させ、命令を受け次第三五〇人を出動できるようにした。だがこうした人員は家臣の者だけでは揃えられないので、御用達・帯刀御免の者や剣術を習いたいという者たちに剣術と体術の稽古を心がけるように命じることも検討していた。

また防備用の武器として、伊勢崎陣屋から江戸に鉄砲五八挺が送られた。だが

▼**大船建造の禁**
武家諸法度第十七条に明記された、五百石積以上の軍船の建造を全国的に禁止したこと。

台場

人員や通常の荷物と異なり武器を送るために水運を使うことはできず、五料《ごりょう》の関所★を通過しなければならなかった。そのため、関所に鉄砲を通す証文に老中からの裏書を得て、十一月にようやく江戸へ鉄砲を送っている。

開港とその影響

安政五年（一八五八）六月、大老井伊直弼《いいなおすけ》★は孝明天皇の勅許を得られないまま日米修好通商条約をはじめとする安政の五カ国条約を締結。翌年には直弼は安政の大獄によって一橋派《ひとつばしは》★を弾圧した。これによって尊王攘夷派が各地で勢いづく不穏な情勢となった。伊勢崎藩の家臣の中にも不穏分子がいたようで、藩内をむやみに徘徊して勤務を怠る者、脱藩して捕らわれる者、尊王攘夷思想を持つ浪士の組織に参加する者など様々であった。

安政六年に横浜・長崎の二港が開港され貿易が始まり、伊勢崎から生糸や蚕種を携えた商人が横浜に売りに出るようになった。貿易の開始後すぐに江戸の物資が不足し、物価が高騰した。このため世情が不安定となり、この影響は上州でも現れた。

万延二年（一八六一）一月には例幣使道の太田宿の穀屋七軒が、五〇〇〜六〇〇人もの人たちによって打ち壊されるという事件があった。これを受けて伊勢崎

▼五料の関所
日光例幣使道にあった関所。現在の群馬県玉村町五料にあった。

▼井伊直弼
文化十二年（一八一五）〜安政七年（一八六〇）。近江彦根藩主。大老として安政の五カ国条約の締結や将軍継嗣問題の決着を行い、一橋派を安政の大獄で弾圧した。桜田門外の変で暗殺される。

▼一橋派
十三代将軍家定死後の将軍の後継ぎを決める際に、一橋（徳川）慶喜の将軍就任を支持した一派。薩摩藩主島津斉彬や福井藩主松平慶永らの外様有力大名や、橋本左内・吉田松陰らがいた。結局慶喜の将軍就任は実現せず、安政の大獄で弾圧された。

藩は領内取り締まりのために二七人を盗賊方に任命し、夜に村々を巡回させている。だが治安状態は容易には改善されず、夜になると村々に盗賊が出没し、博奕を行う者もいなくならなかった。

物価の高騰に対処するため、伊勢崎藩役所は伊勢崎町と境町で穀物値段の調査を行い、併行して穀物商人に非常用の米を一〇〇〇俵備蓄するよう命じた。役所の指示があり次第、一両につき玄米四斗の相場で販売させるためで、これに応じた商人は三一人おり、彼らは割り当てられた量の米を拠出して非常事態に備えた。

こうした対策が功を奏し、四月中旬には領内の治安が安定した。そのため盗賊方の巡回は四月いっぱいで打ち切られることになった。

尊王攘夷運動の影響

文久元年(一八六一)十月、十四代将軍徳川家茂《いえもち》への降嫁《こうか》が決定した孝明《こうめい》天皇の妹和宮《かずのみや》が京都を出発した。三万人もの人数を擁するこの行列は、川留めによる行程の遅延や妨害行為を防ぐため中山道を江戸に向かった。この時幕府は二九藩に沿道の警備を命じ、伊勢崎藩も含まれていた。伊勢崎藩の担当は信濃の沓掛《くつかけ》宿から上野の坂本宿の間の、碓氷峠を越える辺りであった。和宮の一行は十一月八日に沓掛宿、翌日に坂本宿に宿泊した。伊勢崎藩の陣屋の家臣を総動員した警

孝明天皇画像写
(東京大学史料編纂所蔵)

護は大きな問題がなく終わった。

だが和宮降嫁以降も尊王攘夷派はさらに勢いづき、過激な尊王攘夷運動が展開されるようになっていく。この年の五月、境町の志士村上俊平《しゅんぺい》★が筑後《ちくご》の北有馬《きたありま》太郎《たろう》★や安芸《あき》の池田徳太郎★らとともに尊王攘夷を唱えて秩父で蜂起することを計画していた。和宮降嫁を強力に推進した幕府に対する反感から生じた計画であったが、幕府に情報が漏れたために計画は頓挫して村上は太田金山《かなやま》の金龍寺《きんりゅうじ》に逃れ、池田は幕府に捕縛された。

文久二年正月、和宮降嫁を推進した老中安藤信正★が水戸浪士に江戸城の坂下門外で襲撃される坂下門外の変が発生した。この頃にはすでに池田徳太郎も放免され、伊勢崎藩医の栗原順庵《じゅんあん》宅を宿にして上野一円を遊歴するようになる。池田の同志清河《きよかわ》八郎★も伊勢崎地方に現れる。清河は倒幕・尊王攘夷のための組織虎尾《こび》の会《かい》を結成し、その中には池田や村上俊平も含まれていた。虎尾の会は横浜の外国人居留地の焼き討ちを計画するなど非常に物騒な組織であったが、この頃こうした組織を構成した浪士らが伊勢崎周辺をうろつくという不穏な状況が繰り広げられていた。

浪士組の上洛

▼**村上俊平**
天保九年（一八三八）～元治元年（一八六四）。境町出身の尊攘派志士。

▼**北有馬太郎**
文政十一年（一八二八）～文久二年（一八六二）。本名は中村貞太郎といい、筑後久留米藩士。江戸で安井息軒に学び、久留米で真木和泉と交流する。後に清河八郎を匿った罪で幕府に捕えられ獄死した。

▼**池田徳太郎**
天保二年（一八三一）～明治七年（一八七四）。池田種徳。広瀬淡窓に学び、清河八郎と交流して浪士組に入る。浪士組脱退後は安芸広島藩士となり、明治維新の後は青森県権令となった。

▼**安藤信正**
文政二年（一八一九）～明治四年（一八七一）。陸奥平藩主。老中として公武合体政策を推進するが、坂下門外の変で負傷して失脚する。

▼**清河八郎**
天保元年（一八三〇）～文久三年（一八六三）。出羽鶴岡郷士。浪士組の中心人物となるが、江戸に帰還した後に暗殺された。

文久三年（一八六三）二月に将軍徳川家茂が上洛することになった。将軍の上洛は三代将軍家光以来二百二十九年ぶりのことであった。この時、将軍の警護を名目にした浪士組が結成されることになり、村上はこれに応じた。この浪士組は清河の献策で実現したもので、池田も中心となっていた。幕府としては清河らの過激な尊攘浪士の処遇に手を焼いており、清河の献策を認めた。

だが京都に到着したその日の夜に、清河は浪士組の真の目的が尊王攘夷の先鋒となることであると告白する。これに抗議した近藤勇《いさみ》らが京都に残留し、壬生《みぶ》浪士組、後の新撰組を結成することになる。一方、清河らは朝廷に攘夷の建言書を提出して受理されたが、こうした動きに不信感を持った幕府は清河らを江戸に呼び戻すことにした。

清河は江戸に帰った直後の四月十三日に江戸の麻布一の橋で暗殺された。池田は幕府に攘夷の意思がないことを知って浪士組を離脱し、広島藩に匿《かくま》われた。村上は江戸帰還後の五月に水戸浪士と横浜への夜襲を計画したが、計画が事前に露顕して幕府から追われる身となる。五カ月の逃亡の末についに捕らえられ、京都の六角獄《ろっかくごく》に入牢した。元治元年（一八六四）七月十九日の禁門の変で京都は戦火に見舞われ、その火は六角獄にも迫った。火事による逃亡を防ぐため、村上は平野国臣《くにおみ》★や古高俊太郎《ふるたかしゅんたろう》★といった志士とともに斬首された。

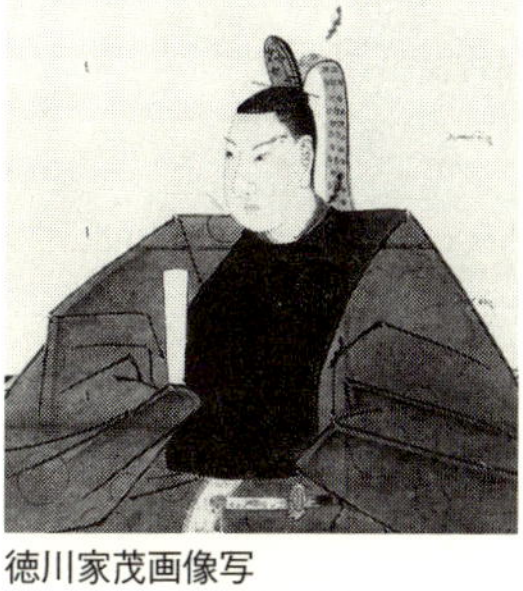
徳川家茂画像写
（東京大学史料編纂所蔵）

▼平野国臣
文政十一年（一八二八）～元治元年（一八六四）。筑前福岡藩士。尊攘派浪士として八月十八日の政変で京都を追われた後、生野の変を起こすが捕らえられて処刑された。

▼古高俊太郎
文政十二年（一八二九）～元治元年（一八六四）。京都で武器商を営み、尊攘派志士とつながりをもった。古高の供述をもとに新撰組による池田屋事件が起こった。

新徴組に加わった伊勢崎藩の人々

清河が暗殺された後に江戸に残された浪士組は新徴組《しんちょうぐみ》として再編成され、江戸の治安維持にあたることになった。この中に、元伊勢崎藩士で当時は浪士となっていた者が四名、伊勢崎藩の領民が八名いた。浪士となっていた四名の中には、手付（取締役の幹部）となっていた石倉久七や、日置流《へきりゅう》弓術の名人で伊勢崎藩に召し抱えられた石原伊之助がいた。また、茂呂村の出身で柔術に秀でた新井久七や、村上俊平もいた。いずれも、藩には一切の届け出をせずに新徴組の前身である浪士組の時点から参加していた。

十二名の伊勢崎藩出身の人物の中で、明治まで生き延びることができた人物が境町の俳人の家から出た斎藤文泰《ぶんたい》である。斎藤は天保八年（一八三七）の生まれで、若い時から『日本外史』を愛読し、村上随憲のもとで医術を習得。そして、藩の柔術師範である斎藤武八郎《ぶはちろう》の下で気楽流《きらくりゅう》柔術を習得した。村上俊平とともに文久三年（一八六三）に上洛し、江戸に戻った後も新徴組に残留した。慶応四年（一八六八）の会津戦争に際しては新政府軍を助けた。明治になってからは下福島村で医者を開業する傍ら、修己堂《しゅうき》をつくって村の子弟数百名に漢書を教授。明治十五年（一八八二）に病気のため四十二歳の若さで世を去った。

イギリス船渡来による江戸警備

文久二年（一八六二）八月、薩摩藩主の父島津久光《ひさみつ》★の行列を横切ったイギリス人が、薩摩藩士によって殺傷される生麦《なまむぎ》事件が発生した。翌年の二月、イギリス政府からの訓令に従い、幕府に謝罪と賠償金を要求するため軍艦が神奈川沖に渡来した。神奈川沖に渡来した軍艦はイギリスだけでなく、フランス・オランダ・アメリカの軍艦も含まれていた。幕府はこうした圧力にもかかわらず、賠償金の支払いについて首を縦に振らなかった。このためイギリス船は戦闘準備態勢に入り、横浜が砲撃される恐れが生じて緊張は急激に高まった。

三月十三日に老中井上正直《まさなお》★からの達書が伊勢崎陣屋に届いた。「イギリスとの交渉次第で戦闘になる可能性があるので、藩主は家臣らとともに江戸に出府して警護の準備を整えるように」というものであった。藩主は十六日に家臣二三名、足軽二七人、郷雇を引き連れて江戸へ向けて出発した。翌日には家老中村甚兵衛の一行二一人と郷雇が後発部隊として出発した。中村の一行は鉄砲の玉の鋳型や玉の材料となる鉛を溶かす鍋も携えていた。藩主と中村の一行が引き連れた人数は、家臣四四人、足軽二七人、郷雇二七〇人の合計三四一人であった。この他に先遣部隊として郷雇中間や宿割を行う家臣、非常臨時金を持った家臣を含めると、

▼**島津久光**
文化十四年（一八一七）～明治二十年（一八八七）。薩摩藩主島津忠義の父。勅使大原重徳を奉じて江戸に赴き幕政改革を進言した帰途に生麦事件が発生した。

島津久光
（国立国会図書館蔵）

▼**井上正直**
天保八年（一八三七）～明治三十七年（一九〇四）。遠江浜松藩主。奏者番・寺社奉行・老中を務めた。明治維新後は子爵となる。

伊勢崎から江戸に派遣された人員は四〇〇人余りとなる。

五月には将軍後見職徳川慶喜の命で、幕府はイギリスへの賠償金支払いの延期を通告。さらに緊張が高まることになった。五月五日に伊勢崎藩は徳川の歴代将軍の霊廟がある芝増上寺の警護を命じられた。この警護は元治元年（一八六四）六月二日までの一年間務めることになった。

天朝組の沼田城焼き討ち計画と伊勢崎藩

イギリス船が賠償金要求のために横浜で圧力をかけていたちょうどその頃、ある儒学者が故郷の武州中瀬村に向かって江戸を出発した。その人物とは桃井可堂《もものいかどう》で、物価の高騰に苦しむ人々を救うために外国人を追い出そうと目論んでいた。

桃井は新田義貞の子孫で交代寄合《こうたいよりあい》★の旗本であった岩松俊純《いわまつとしずみ》★を盟主にして蜂起し、沼田城を占拠して武器を手に入れて横浜に討ち入ることを計画。実現のために同志を集めて天朝組《てんちょうぐみ》を結成する。

蜂起の拠点は利根郡の須賀川村《すかがわ》（現・群馬県利根郡片品村）とし、同志は新田氏ゆかりの人々が多く住む越後の魚沼地方で募ることにした。そして蜂起の日は十一月十二日の冬至の日と定め、岩松俊純に対する盟主就任の説得も再三行われた。だが旗本身分で領地も持っていた俊純が盟主を引き受けることはなく、過激な

▼交代寄合
旗本の家格の一つで、参勤交代を許可された旗本をいう。

▼岩松俊純
文政十二年（一八二九）〜明治二十七年（一八九四）。交代寄合旗本岩松氏の当主。維新後、自身が新田氏の嫡流であることを主張して由良氏や横瀬氏と論争し勝利する。これを受けて男爵となった。

運動の盟主とされることを防ぐために江戸に立ち去ってしまった。また蜂起するにしても大雪の影響で同志が動ける状況ではなかった。同志の湯本多門之介《たもんのすけ》が江戸南町奉行所に訴え出たことにより、計画は露顕。桃井は十二月十五日に川越藩に自首し、江戸に送られて麻布の福江《ふくえ》藩★邸に幽閉された。幽閉中の桃井は自ら絶食し、元治元年（一八六四）七月に死去した。

幕府は湯本による訴えを受けて、上野に領地を持つ大名に対して取り締まりを強化するように命じた。伊勢崎藩は天朝組が結集している恐れのある赤城山の探索を行うことにし、十二月七日に赤城山の様子に詳しい者によって行われた。また同日には伊勢崎町の巡回も代官によって行われている。上州で計画されていた不穏な動きへの対応だけでなく、江戸での警備も行わなければならなかった伊勢崎藩は、幕末の緊迫した情勢に関わって大変多忙であった。

▼福江藩
肥前国において五島列島全域を支配した藩。江戸幕府成立から版籍奉還まで一貫して五島氏が支配した。

②水戸天狗党への対応

幕末の関東地方を悩ませた水戸天狗党は伊勢崎藩内も通行し、伊勢崎藩の人々にも強盗まがいの献金要求をするなどの被害を及ぼす。藩は天狗党の挙兵に備えて藩兵の動員を行い、伊勢崎藩は戦争寸前の空気に包まれた。

天狗党の筑波山挙兵

水戸学に基づく尊王攘夷思想を信奉した水戸藩の浪士は、大老井伊《いい》直弼《なおすけ》を暗殺した桜田門外の変、江戸の東禅寺にあったイギリス公使館を襲撃した第一次東禅寺事件、老中安藤信正を襲撃した坂下門外の変、といった事件を起こして幕府の開国政策に反対の意を示した。文久三年（一八六三）には幕府が横浜の鎖港を表明していたが、幕閣のほとんどは鎖港に乗り気ではなかったので幕府と諸外国との間の交渉は一向に進んでいなかった。

こうした状況に憤りを覚えた人物に藤田小四郎★がいた。小四郎は水戸藩第九代藩主徳川斉昭《なりあき》★の就任を実現させた藤田東湖《とうこ》★の四男で、父の東湖は水戸藩の藩政改革を主導して、その一派は反対派から「天狗党」と呼ばれるようになった。天狗

▼**藤田小四郎**
天保十三年（一八四二）～元治二年（一八六五）。水戸藩士で藤田東湖の四男。筑波山で挙兵の後は各地を転戦したが、加賀金沢藩に投降し処刑された。

▼**徳川斉昭**
寛政十二年（一八〇〇）～万延元年（一八六〇）。第九代水戸藩主。下級藩士を登用して藩政改革を行ったが、幕府から咎められて謹慎。黒船来航の際に幕政への参画が認められたが、安政の大獄で蟄居を命じられ失意のうちに死去。

▼**藤田東湖**
文化三年（一八〇六）～安政二年（一八五五）。水戸学者幽谷の子で、彰考館の総裁代役を務めた。斉昭の藩主就任後は側用人として重用され、藩政改革を主導した。

党は後に離合集散を繰り返すが、急進的な尊王攘夷思想を唱える者が出てきた。天狗党の中でも急進的であった小四郎は、幕府に横浜の即時鎖港を要求するために非常手段をとることを決めた。小四郎は軍用金を集めて、元治元年（一八六四）三月二十七日に筑波山で挙兵。この時に集結した同志は六二人であった。首謀者の藤田は弱冠二十三歳であった。そのため水戸町奉行の田丸稲之衛門《いなのえもん》★を主将とした。

挙兵の後、各地の浪士や農民が続々と合流して最も多い時には一四〇〇人の集団となった。彼らは尊王攘夷を信奉していたが、あくまでも家康の遺訓として尊王攘夷を実行しようとしており、彼らにとっては聖地ともいえる日光東照宮に向かった。当初はここを拠点として軍事行動を行う予定であったが、各藩の藩兵が出動したことから下野国大平山《おおひらさん》の蓮祥院《れんしょういん》に陣を張りしばらく滞在した。

この大平山から各地へ浪士が派遣され、軍資金集めを行うことになるが、軍資金調達の標的に伊勢崎地域も含まれていたのである。

伊勢崎地域での軍資金調達

五月二十一日、日光例幣使道の柴宿の柏屋という旅籠屋に栗田源左衛門・小関隼之丞・真田貞之助が宿をとった。この三人は連取村の森村園右衛門に柏屋へ来

▼田丸稲之衛門
文化二年（一八〇五）～元治二年（一八六五）。水戸藩で目付・町奉行を務める。加賀金沢藩に投降、処刑された。

るように命じた。そこで森村に、額にして五〇〇〇両という破格の金を提供するよう献金の要求があった。このような要求を呑めないことは明らかであるが、彼らは恫喝し、鉄扇で森村を叩き、刀を振り回すという手口によって強引に承諾書を書かせた。このため「水戸の天狗」「天狗組」などと呼ばれて恐れられた。だがこれだけの額を即座に調達することなど困難なので、柴宿の役人と伊勢崎町の役人が仲裁して一五〇〇両に減額された。そのうち七〇〇両はすぐに納めたが、残りの八〇〇両は来月に納める約束をした。

翌日に森村は金策をしてなんとか七〇〇両用意したが、約束の刻限に遅れたという理由で浪士は森村の弟と息子を人質にとり木崎宿へ引き揚げた。二十三日に木崎宿で森村の代理人と栗田による交渉が行われたが、栗田はあくまで五〇〇〇両提供を主張し、さもなければ大平山で人質に天誅《てんちゅう》を加えると脅した。

これを見かねた木崎宿の役人が仲裁に入り、献金額は二〇〇〇両となった。ただし一〇〇〇両については即座に払えとの要求であったので、森村は自分が持つ七〇〇両に境町の親類から得た三〇〇両を加えて一〇〇〇両を提供した。これで人質を解放してもらうことができた。残りの一〇〇〇両を森村が提供したかについては不明である。

他にも連取村や伊勢崎町の人物に献金の要求があった。この時期には伊勢崎地域に限らず、藤岡や桐生でも天狗党に対して大量の軍資金の提供が行われた。こうした人物に献金を要求できたのは、地元に内通者が存在したためである。そのため伊勢崎町の二人の人物と、伊与久村の一人が軍資金調達に協力した疑いで捕縛されている。

これをきっかけに天狗党に対する取り締まりが徐々に始まった。六月二十六日から七月一日にかけて栗原順庵が天狗党の動向の内偵を行い、大平山での様子等を偵察している。

天狗党挙兵に対する備え

軍資金調達が落ち着いてくると、いよいよ天狗党の挙兵が現実味を帯びるようになった。六月九日に幕府は浪士追討令を発し、常陸国・下野国の諸藩に出兵を命じた。七月九日に幕府・諸藩連合軍と天狗党との戦闘が開始された。

劣勢となった天狗党は十月二十五日に常陸国大子《だいご》村に集まり、武田耕雲斎《こううんさい》★を首領、田丸と藤田を副将として上洛し攘夷の意思を朝廷に訴えることを決意した。彼らは十一月一日に出発し、中山道を目指した。

十一月十一日に天狗党の本隊が例幣使道の太田宿に到着。彼らは天朝組も盟主にしようと企てた岩松俊純を担ぎ出し、尊王攘夷の盟主にしようとしたが、俊純はこの要求を断り、画策は失敗。十三日に天狗党本隊は太田宿を出発した。

▼武田耕雲斎
享和三年（一八〇三）―元治二（一八六五）。水戸藩改革派として藩政に参画。金沢藩に投降し処刑された。

武田耕雲斎の銅像（敦賀市）

実は伊勢崎藩の陣屋では天狗党本隊が太田宿に宿泊しているという情報をつかんでいた。だが積極的に天狗党を攻撃することはなかった。そこで、連取村の森村登喜太が藩兵を出動させるべきだと陣屋に訴えた。伊勢崎藩は連取村の駒井陣屋が持つ農兵の協力を得て、総勢三〇〇人を境町に出動させた。境町の人々は戦闘となることを予測し、家財道具等を隣村に移し始めた。

十三日、天狗党本隊が木崎宿を出発し境町方面に進んでいるという報告があったため、伊勢崎藩は周辺の藩に援兵を要請した。川越藩前橋陣屋の大砲隊が駒形村、高崎藩兵が玉村宿に出動。伊勢崎藩は境町の守りを固めた。伊勢崎藩兵は境町とともに、世良田東照宮の警備も行った。世良田東照宮を警備したのは、ここが徳川氏発祥の地といわれるゆかりの地で、東照宮の隣にあった長楽寺《ちょうらくじ》が新田義貞と関係の深い場所であったため、天狗党の者が参詣する可能性が高いと考えたためだった。こうして天狗党を待ち受けたが、天狗党本隊は境町に入ることなく例幣使道を左折し、世良田方面に向かったが世良田東照宮の境内にも入ることはなく、平塚河岸に向けてそそくさと通り過ぎていった。彼らは強引に船を調達して、対岸の深谷中瀬村に向かった。

天狗党の通過によって当面の危機を脱した伊勢崎藩と連取村の農兵は十五日に警備の任を終えて帰った。幸い伊勢崎界隈ではこの後も天狗党関連の戦闘が起きることはなかった。

世良田東照宮

③ 戊辰戦争と世直し一揆

戊辰戦争の勃発にあたって、伊勢崎藩は前橋藩の意思にならい旧幕府側につくが、前橋藩への処遇を目の当たりにして新政府側に転向する。新政府軍として出兵する一方、藩内では世直し一揆への対応に追われる。明治政府の改革に藩として対応する中、廃藩置県によって藩の歴史に幕が下ろされた。

薩摩藩の江戸市中攪乱戦術

慶応三年（一八六七）十月十四日、薩摩藩と長州藩に討幕の密勅《みっちょく》が下された。これによって薩長が目指す武力による討幕が正当化されたため、薩摩藩は即座に行動を開始した。西郷隆盛は諸国の浪士を使って江戸市中での放火や強盗を行わせ、幕府を挑発して強引に戦争に引きずり込もうと企てた。この企てに参加した浪士の中には木島村の高橋亘《わたる》がいた。また、戊辰戦争勃発後に赤報隊《せきほうたい》の総長となる相楽総三《さがらそうぞう》★も参加していた。

ところが同日、十五代将軍徳川慶喜が政権を朝廷に返上する大政奉還の上表を行った。大政奉還は慶喜が引き続き政権を担う可能性を十分残すもので、薩長は出し抜かれた形になった。このため討幕の密勅は意味をなさなくなり、二十一日

徳川慶喜
（国立国会図書館蔵）

▼相楽総三
天保十年（一八三九）〜慶応四年（一八六八）。江戸出身の尊攘運動家。西郷隆盛の命で江戸を攪乱し、戊辰戦争では東山道征討軍の先鋒を務めるが「偽官軍」として処刑された。

には討幕実行の延期が宣言された。薩摩藩としては西郷の企てを中止したが、一度討幕に向けて士気が高まった浪士たちを止めることはできなかった。浪士たちは江戸市中の商人を襲って多額の金銭を奪い、放火した。

もはや薩摩藩の制御を失った浪士たちは十一月になると、下野国・甲斐国・相模国といった各地で蜂起することで幕府の軍事力を分散させ、その隙に一挙に江戸を襲うという計画を企てた。これから取り上げる出流山《いずるさん》倒幕蜂起はその一環としての行動である。

出流山倒幕蜂起

十一月十九日、竹内啓を中心とする総勢三〇〇人が坂東札所十七番の名刹である下野国の出流山に向かい、出流山満願寺の本堂前に勢揃いした一同を前に隊長の竹内は、ここに倒幕隊を結成し、武力によって幕府を倒すことを宣言した。この時満願寺の僧千乗坊は竹内らの行動に共鳴し、翌朝に還俗して倒幕隊に参加した。ちなみに千乗坊は国定忠治の息子である。さらにこの倒幕隊には江戸市中攪乱に参加していた木島村の高橋亘や、馬見塚村の弥吉が加わっている。

倒幕隊は軍資金調達のために近郷を駆け回ったが、水戸天狗党の強引な要求が記憶に新しかったためほとんど資金提供を拒絶され、高橋らは十二月九日に栃木宿を訪れて三〇〇〇両の提供を要求した。十一日には高橋を支援するために八人の隊員も栃木宿に入った。

幕府は出流山蜂起を受け岩鼻陣屋に討伐隊の編成を指示した。この討伐隊の主力は新町宿組合村の農兵であったが、連取村の農兵も加わり総勢約一〇〇〇人の部隊となった。討伐隊は十二月十日に熊谷に集結し、出流山に向け出陣した。

十二日早朝、出流山から岩舟山に倒幕隊が移動したとの情報を受けた討伐隊は、下野国新里村で朝食中の倒幕隊を包囲攻撃した。倒幕隊の武器は刀や槍であったが、討伐隊は鉄砲を持っていたためなす術がなかった。このように圧倒的な戦力差が災いして、倒幕隊は壊滅した。

倒幕隊の者は次々に逮捕され、十五日と十八日の二日にわたって次々と処刑された。その中には木島村の高橋亘や、千乗坊も含まれていた。

新政府への恭順

慶応四年（一八六八）一月三日、京都で鳥羽・伏見の戦いが発生して戊辰戦争が勃発した。伊勢崎藩が宗家の支藩という性格は戊辰戦争においても変わることはなかった。そのため重大な意思表明においても伊勢崎藩が宗家の意向に合わせることは自明のことであった。

酒井家の宗家姫路藩は、前藩主忠績《ただしげ》が大老と老中を務め、現藩主の忠惇《ただとし》も老中を務めていた。特に忠惇は慶応四年二月五日まで老中を務めた幕閣であったため、旧幕府側に立つことは明白であった。伊勢崎藩はこれに従い、暗黙のうちに旧幕府側となった。

だが一月五日に旧幕府軍が鳥羽・伏見の戦いで敗北すると、宗家酒井家は新政府から責任を問われ、忠績は蟄居《ちっきょ》、忠惇は官位を剥奪されてしまう。宗家への処遇や旧幕府軍の劣勢を見た伊勢崎藩は、新政府に恭順する方針を固めた。

上野国内の幕府領を管轄する岩鼻陣屋では、戦争の勃発に合わせて行動を開始した。岩鼻陣屋に常駐していた関東取締《とりしまり》出役《しゅつやく》の渋谷鷲郎は、新政府軍の上野進撃に備えるため上野の緑野《みどの》・群馬・那波の三郡からそれぞれ五〇〇人ずつの農兵を差し出すよう命じた。農兵に上州の防衛だけでなく、ゆくゆくは江戸城の防衛も担わせようとしていた。

ところが新政府軍の軍勢が錦の御旗を翻らせて大軍で迫ってくることを知った農民は、新政府軍に逆らうことを恐れて反対運動を起こした。農兵の徴兵を命じられた三郡は西上州が中心であったことから、まずこの地域で騒動が発生。二月二十三日、多胡郡神保村でまず世直し一揆が発生し、たちまち吉井藩・七日市藩・小幡《おばた》藩の領域といった西上州一帯に広がっていった。世直し一揆は開国による物価の急上昇や農民の徴兵に反対する一揆で、必ずしも新政府軍に味方をする行

岩鼻陣屋跡

動ではない。だが、戦争に集中したい幕府が領地の騒動の鎮圧に精力を注がなければならない状況をつくったことで、戊辰戦争に影響を与えることになった。

この世直し一揆は東上野にも広まり、三月には伊勢崎藩周辺にも波及してきた。三月十一日には連取村で農民が数百人蜂起し、村内の有力な一三軒の商人と交渉。その結果、質物の無償返還や借金証文の破棄、施し米や施し金を約束した降参証文を商人に提出させることに成功した。

十二日には、小泉村方面を打ち壊した世直し一揆勢と、上武士・下武士・保泉《ほずみ》・小此木・中島・木島・伊与久・百々・馬見塚・茂呂の各村から集まった世直し一揆勢が合流し、境町になだれ込んだ。彼らは一五軒もの商人を攻撃し、店を焼き払うなどした。伊勢崎藩からは鎮圧隊が出動したが、一揆勢に圧倒されてただ見守るしかできなかった。

世直し一揆勢は平塚河岸の船問屋も打ち壊し、島村で蚕種生産と販売を行っていた田島家も狙われそうになった。この動きを事前に察知していた島村では、槍を持った若者二〇人余りを川岸に潜ませ世直し一揆勢に奇襲攻撃。これによって世直し一揆勢は撃退され、田島家が打ち壊される危機は防がれたのである。

上野国内で世直し一揆が発生し始めた頃の二月、伊勢崎藩の江戸詰めの家老が京都へ赴き、新政府に藩主の交代を願い出た。現地では三月九日に伊勢崎詰めの家老岡田新九郎が坂本宿にいる東山道征討軍に恭順を申し入れたが、恭順表明の時期の遅さと伊勢崎藩内で起こっていた打ち壊しへの対応を怠ったとの理由で藩主忠強は謹慎を命じられてしまう。これに対し岡田は、打ち壊しへの対応が遅れたのは藩兵の人員が確保できなかったこと、忠強が病気であったと弁明している。また、軍用金一〇〇〇両と米五〇〇俵を東山道征討軍に献納した。

三月二十八日、忠強の謹慎は解除された。謹慎が命じられてから解除まで一カ月にも満たないが、新政府軍が各地に点々と存在していた旗本領などを円滑に恭順させるために周辺の藩の力が不可欠であることを認識していたためであろう。

旧幕府領と旗本領の鎮撫《ちんぶ》

関東地方の旧幕府領や旗本領は複雑に入り組んでおり、世直し一揆勢が勢いづき、賊徒などが潜伏する絶好の場所で、この場所の鎮撫は新政府軍にとって大きな課題であった。そこで、近隣の藩に幕府領と旗本領の村々の鎮撫を命じることにした。

三月二十七日に伊勢崎藩・前橋藩・館林藩・吉井藩の役人が前橋で会合し、後日上州の九つの藩で鎮撫について相談することを決定。上州九藩の会議は四月七日に開催され、それぞれの藩に近接する村々の鎮撫を担当することが決まった。これに先立ち鎮撫を担当する村々に廻状を回すこと、村々から鎮撫の誓約書を提出させること、世直し一揆の首謀者を死刑に処すことも併せて合意した。

伊勢崎藩が鎮撫を担当した村々は佐位郡一三カ村、那波郡七カ村、新田郡二五カ村の合計四五カ村である。上野九藩による鎮撫は大きな混乱もなく順調に進み、四月中にはほぼ鎮撫が完了した。鎮撫された村々は六月十七日に成立した岩鼻県に編入されるまで鎮撫を担当した藩によって支配された。

このことは単に上野の旧幕府領と旗本領が新政府軍に編入されたというだけでなく、上野のすべての藩が新政府軍に編入されたことを示す重要な出来事である。

三国戦争と伊勢崎藩

上野の旧幕府領と旗本領が次々と鎮撫されていくが、戊辰戦争は続いていた。閏四月、旧幕府方の会津藩は新政府軍を迎え撃つため、越後の防備を固めていた。新政府軍も会津藩を攻略するため、越後方面に進軍する必要があった。そこで、閏四月十九日に東山道総督府は高崎・前橋・伊勢崎の三藩に沼田城下に出兵するよう命令した。伊勢崎の藩兵八十六人は閏四月二十一日に伊勢崎を出発し、二十三日には沼田城下に到着した。

沼田城下に参集した前橋・高崎・吉井・安中・伊勢崎・七日市・沼田の各上野の藩兵はただちに三国峠まで出兵を命じられた。二十四日、三国峠の大般若塚で会津藩の兵士と戦闘になり、会津藩は敗北した。会津藩は大将を三人討ち取られ、その首は永井峠に晒された。この先上野の藩兵は越後六日町まで進軍し、五月一日に沼田へ帰還した。

沼田に帰還した伊勢崎藩兵は沼田藩兵とともに兵粮方《ひょうろうかた》、つまり兵站や補給部隊を命じられた。五月二十一日戸倉《とぐら》村に会津藩兵が攻め入ったが撃退した。これ以降はこの付近で戦闘が発生することはなく、六月八日に伊勢崎藩兵は任務を解かれ地元に帰還することになる。

これ以後、戊辰戦争で伊勢崎藩が戦ったという記録は見られない。戊辰戦争における伊勢崎藩の役割は、戦闘部隊として戦うのではなく兵站部隊として新政府軍の戦闘を後方支援するというものであった。戊辰戦争は東北戦争、彰義隊の戦い、さらに明治二年（一八六九）五月の五稜郭の戦いまで続くことになるが、伊勢崎藩は幸いにして死者を一人も出すことなく戊辰戦争における役割を終えた。

◇4 伊勢崎藩の終焉

新政府への恭順を表明していた忠強はようやく隠居を許された。最後の藩主忠彰は各地に藩士を派遣して新政府の政策を補佐するが、ついに伊勢崎藩にも終焉が訪れた。

藩主の交代

かねてから出されていた藩主忠強の病気による隠居願いは、慶応四年（一八六八）六月二十五日にようやく許可された。これによって弟の忠彰が藩主の座を継ぐことになる。

忠彰は就任して間もなく、岩鼻県知事大音龍太郎《おおどりゅうたろう》★の命に従い、岩鼻陣屋から奥州白河まで護衛のために三〇人を差し出した。七月から八月にかけては山田・勢多両郡のうち五千石を支配していた出羽松山藩の桐生陣屋関係の職務を担っている。これは桐生陣屋接収に際しての警備と、陣屋役人二二人を伊勢崎藩で預かるという内容のものであった。桐生陣屋が接収されたのは、出羽松山藩が奥羽越《おううえつ》列藩同盟《れっぱんどうめい》★に加わり、新政府に敵対していたためであった。

▼大音龍太郎
天保十一年（一八四〇）～大正元年（一九一二）。近江彦根郷士。岩倉具視に認められ、岩鼻県知事となる。厳しい統治で恐れられたため僅か半年で失脚した。その後は大蔵省などに勤めた。

▼奥羽越列藩同盟
旧幕府方の陸奥国・出羽国・越後国の諸藩三十一藩が新政府に対抗するために結成した同盟。

また忠彰は明治元年（一八六八）十二月から翌年の五月まで、明治三年六月から翌年の五月までの二回、東京の市中警備の任に就いている。

版籍奉還

明治二年（一八六九）一月、薩長土肥の四藩主が朝廷に土地と人民を返上する版籍奉還の上表文を提出した。上州の諸藩は三月中に版籍奉還を願い出ており、伊勢崎藩も三月二十日にこれを行った。六月二十二日に忠彰は伊勢崎藩知事に任命され、従来どおり藩政を行うことを認められた。

その後藩の職制は議政所・民政所・会計所の三つに分けられた。家老は執政と改名して議政所のトップとなった。さらに藩主の下に大参事が任命された。伊勢崎藩の大参事には長尾景盛と石原重勝が就任している。

明治三年には士族の土着が始まり、帰農を希望する者も現れるようになった。伊勢崎藩では翌年の秋から冬にかけて希望する家臣の帰農が行われた。

廃藩置県と伊勢崎藩の最期

明治四年（一八七一）七月十四日、藩知事忠彰と大参事長尾景盛は東京に出頭

し、藩の廃止を告げられた。忠彰はこの時をもって藩知事の任を解かれ、伊勢崎藩の歴史もここに幕を閉じることになった。大参事は政府の指示があるまで引き続き伊勢崎県の事務処理を行うことを命じられた。

伊勢崎県の事務は大参事の長尾と石原が中心となって行われることになった。最大の職務は人員整理であり、人員整理の対象となった者が土着して自立できるようにするための保障が不可欠であった。そのため大参事の二人は人員整理対象者を集め今後について指南を行うなどの支援を行っている。

九月三日、藩兵の解散が政府から命じられた。そのため長尾は七日に藩兵一同を招集し、解散と九月以降の給料の支給が行われないことを説明した。同時に長尾は、これまでの藩兵の勤めに感謝の意を示すため、各人に一〇両ずつの酒肴《しゅこう》料《りょう》を手渡した。

十月二十八日、小幡・伊勢崎・前橋・岩鼻・高崎・沼田・安中・七日市の八県が統合され、群馬県が誕生した。ただし、伊勢崎県の残務整理が残っていたので、旧伊勢崎県庁で引き続き事務の引き継ぎのための手続きが行われた。

十二月二十七日、大参事石原は事務処理に尽力した役人たちに慰労の言葉を伝え慰労金を手渡した。明治五年二月に群馬県への事務引き継ぎがすべて完了し、天和元年（一六八一）に成立した伊勢崎藩はその歴史に幕を下ろしたのである。

これも伊勢崎

田島弥平旧宅

平成二十六年（二〇一四）、伊勢崎市の田島弥平旧宅が世界文化遺産に登録された。この建物が位置する伊勢崎市の境島村は厳密に言うと伊勢崎藩領ではないのだが、養蚕技術の発展という点で弥平の業績は伊勢崎藩の村々に少なからぬ影響があるため、簡単ではあるが弥平の業績と田島弥平旧宅について取り上げたい。

田島弥平という人物

弥平は島村の養蚕農家・蚕種製造業者で、文政五年（一八二二）に生まれた。若い時から学問に熱心な人物で、頼山陽の弟子になろうとしたこともあった。頼山陽は思想家で、幕末の尊王攘夷運動に大きな影響を与えた人物である。弥平が生まれた年に父の弥兵衛が養蚕を始めている。島村は痩せた土地であり桑畑くらいしか土地の利用法がなかったから、養蚕の成功が生活を左右したのである。

弘化元年（一八四四）になると、父とともに現在の山形県や岩手県で養蚕法を学ぶ。この頃の弥平は父に従って信濃などにも赴いていた。田島家では蚕を自然のままの温度で育てる清涼育を行っていたが、東北地方で学んだことを生かして一時期温暖育を実践している。

温暖育とは火気で蚕室を暖める方法であるが、これは田島家の場合成功しなかった。様々な地域を渡り歩いて成育法を研究した結果、弥平が単独で赴いた米沢の養蚕農家の方法が最適であることを実感。故郷に帰った弥平は早速父にこのことを報告し、父の賛成を得ることができた。こうして弥平は清涼育の実践に舵を切ることになるのである。

田島弥平旧宅の建設

清涼育の実践のため、弥平は養蚕を行う建物の改良を行った。手始めに安政三年（一八五六）に納屋を改造して二階建ての蚕室を造ったが効果は不十分であった。そこで、翌年にはその建物の屋上に換気用の「やぐら」を造ったところ良い効果が得られたため、自身の主屋も二階部分に蚕室を設け、屋根の端から端まで「やぐら」を載せた。文久三年（一八六三）に主屋が完成。主屋の重要な点は、風通しを良くするために二階の四方に窓を設け、二階の上に「やぐら」を載せたことである。弥平が文久三年に建設した様式の蚕室は島村式蚕室と呼ばれ、各地に広まった。こうした様式の建物はかつて群馬県内が養蚕の盛んな地域であったことから、現在でも各地に残っている。併せて清涼育は明治になって養蚕の適切な方法として推奨されることになった。

蚕種輸出解禁と弥平

弥平が自宅の主屋を完成させた頃、幕府は国内の養蚕業を保護するため、蚕種の輸出を禁止していた。しかし、諸外国の圧力や密売の横行に対処できなかったため、慶応元年（一八六五）に輸出が解禁となる。

田島弥平旧宅

前年の元治元年（一八六四）に弥平は蚕種商人仲間の島村組を結成していた。さらにこの時期には新しい主屋で生産された蚕種を横浜へ売り出している。輸出が解禁となった後は島村や境町の商人と共同で輸出用の蚕種紙を横浜で四八二五枚売却した。

主屋の完成に前後して蚕種の輸出が解禁された状況は、清涼育の有効性を示したい弥平にとってまさに好機であったといえる。

田島弥平旧宅

田島弥平旧宅には、文久三年（一八六三）に建てられた主屋と、安政三年に造られた蚕室建物の跡・桑場・種蔵などが残っている。建物内に入って見学することはできないが、外観からは島村式蚕室の構造がよく分かる。

我が国の近代養蚕業の技術展開を知る上で重要な建造物であることから、平成二十四年（二〇一二）に国指定史跡となった。さらに平成二十六年には官営模範工場として名高い富岡製糸場、蚕室技術の革新に努めた高山社跡、蚕種の貯蔵施設である荒船風穴とともに「富岡製糸場と絹産業遺産群」としてユネスコの世界文化遺産に登録された。

島村周辺では田島弥平旧宅以外にも養蚕農家群や島村教会などの文化財が数多く存在する。田島弥平旧宅案内所では弥平ゆかりの品々の展示が行われ、弥平の生涯や旧宅の沿革などを詳しく解説してくれる。

田島弥平旧宅　アクセス

鉄道

●ＪＲ両毛線
伊勢崎駅からタクシーで三十五分

●ＪＲ高崎線
本庄駅からタクシーで二十分
岡部駅からタクシーで十五分

●東武伊勢崎線
境町駅からタクシーで十五分

車

●北関東自動車道伊勢崎インターから三十分

●関越自動車道本庄児玉インターから二十分

エピローグ

廃藩置県と伊勢崎藩の最期

伊勢崎藩の形のある遺構は、伊勢崎市にはほとんど残っていない。残っているものといえば伊勢崎陣屋の武家門、郷学の石碑、浅間山大噴火の際に藩政を担った者たちの墓など数少なく、残っているとしても、どこか忘れ去られているような印象を受ける。

伊勢崎の町を歩いていると、江戸時代の町割りや道幅がそのまま残されている場所がある。群馬県民は多くが自動車を利用するが、かつての伊勢崎陣屋の周囲には一方通行の路地が至るところに残っている。かつて伊勢崎は昭和二十年（一九四五）の八月十四日に空襲を受けたが、戦後も区画自体はそのまま残ることになったためである。こうした歴史的な遺構を活用して観光資源にできないものだろうか。

平成十七年（二〇〇五）に伊勢崎市は市町村合併によって旧佐波郡境町を包含するようになった。境町は例幣使道によって発展し、多くの道が分岐して人や物が集まっていたことは本編で述べた。人が集まる場所という特徴は、現在の伊勢崎市にも受け継がれている。伊勢崎市には外国籍の人々が多く定住。国籍はブラジル・ペルー・パキスタンなど多岐にわたる。筆者の勤務した高校にも外国籍の生徒が多数いることでも明らかである。多数の人や物が集まった伊勢崎藩は、現代においては世界の人々が仕事を求めて集まる伊勢崎市となり、そのことが伊勢崎市の重要な特徴の一つとなっている。

また伊勢崎藩は、江戸時代中期以降に生活必需品を江戸に発送し、特産物の太織を全国に供給する場所となった。このように文化や商品を発信するという部分は、明治以降の伊勢崎銘仙にも受け継がれた。そして、昭和三十三年（一九五八）には「てんとう虫」の愛称で親しまれた「スバル三六〇」が富士重工業の伊勢崎工場で初めて生産され、大衆に自動車を普及させる原動力となった。

教育面では全国に類を見ないほど多数の郷学が創設され、庶民教育が進んだ藩であった。こうした面においては現在の伊勢崎は伊勢崎藩に一歩譲る部分があるように感じる。かつて伊勢崎藩が日本一の「教育藩」であったことを心に留めて、我々のような教育者が力を発揮しなければならないと思う。

商品や文化を全国に発信するという面でも、平成に入ってからの伊勢崎は少し低調になっているような気がする。したがって、田島弥平旧宅の世界文化遺産登録を、伊勢崎に人を集め、再び全国に伊勢崎の強みを発信するために使わない手はない。歴史はよりよい現在と未来を構築するために存在する。今こそ伊勢崎に関わるすべての人が伊勢崎藩の歴史から教訓を学び、先人たちの残した伊勢崎の強みを我々の世代が再び活用する必要がある。伊勢崎発展のカギは、伊勢崎藩の歴史の中にこそ存在しているのである。

あとがき

　私は教員として伊勢崎の高校に四年間勤務した。私は生まれも育ちも前橋市であり、伊勢崎に住んだ経験は一度もない。やっと伊勢崎の土地勘がついてきて、教員生活も慣れてきたところで本書の執筆依頼を頂いた。

　江戸時代の歴史との関わりを断ったことはなかったのであるが、伊勢崎藩の研究には今までまったく手を付けたことがなかった。そのため伊勢崎藩の歴史をゼロから勉強して執筆にあたった。そのため多くの認識違いが存在するかもしれない。お気づきの点があれば是非ご教示やご叱責をお願いしたいところである。

　私が本書を執筆してよかったと思うのは、教育が伊勢崎藩の重要な要素であることを発見できたことである。朱子学を修めた者が浅間山大噴火の復興に力を尽くし、それらの者が藩校や郷学の発展に力を尽くす。その思いが庶民に伝わって、庶民の自主的な向学心が育まれる。これは現代においても理想の教育であるように思う。何よりも教育こそが民衆を救うという事実が伊勢崎にも存在したことを発信できて、教育者としてこれほど喜ばしいことはない。朱子学は文系に分類される学問であろうが、人を救い生活をよりよくするという意味で文系も理系もないがしろにできないということを改めて感じるところである。

また、執筆を通して伊勢崎の人々のパワーを感じることができた。伊勢崎藩の歴史は大多数の庶民のエネルギーで成り立っていたことは、例幣使道沿いの町、農村における商業、蚕糸業の発展などから読み取ることができる。こうした庶民の力を伊勢崎に関わる人々に知っていただければ大変喜ばしい。

ここに伊勢崎藩の歴史に関わったすべての先人に敬意を表するとともに、叙述あるいは遺構の保存といった形で伊勢崎藩の歴史の伝承に尽力された方々に心から感謝申し上げる。こうした方々がなければ、我々が伊勢崎藩の歴史を知り継承することもできなかった。

最後に私の赴任する地域の歴史を学び発信する機会を与えてくださり、今でも大変お世話になっている大先輩の西村慎太郎氏には感謝してもしきれない。そして、さしたる業績もない私に小著の執筆を許してくださった現代書館社長の菊地泰博氏並びに編集の加唐亜紀さんに心からの感謝を申し上げて結びとしたい。

参考文献

伊勢崎市編『伊勢崎市史』通史編二　近世（一九九三年）
伊勢崎市編『伊勢崎市史』資料編一　近世Ⅰ（伊勢崎藩と旗本）（一九八八年）
伊勢崎市編『伊勢崎市史』資料編二　近世Ⅱ（町方と村方）（一九八九年）
境町発行『境町史』第三巻　歴史編上（一九九六年）
玉村町誌編集委員会『玉村町誌』通史編上巻（一九九二年）
玉村町誌編集委員会『玉村町誌』通史編下巻（一九九五年）
しの木弘明『境風土記』（境町地方史研究会　一九六九年）
しの木弘明『境町人物伝』（境町地方史研究会　一九七五年）
しの木弘明『境町人物伝　続』（境町地方史研究会　一九九四年）
篠木弘明『日光例幣使道境町織間本陣』（群馬出版センター　一九九〇年）
しの木弘明『佐波伊勢崎史帖』（みやま文庫　一九九一年）
伊勢崎史談会編『伊勢崎史話』一巻～一四巻（一九五八～一九七一年）
渡辺敦『近世伊勢崎の人々』（伊勢崎郷土文化協会　一九七〇年）
渡辺敦『伊勢崎藩の茶道　石州流』（伊勢崎郷土文化協会　一九九三年）
黒澤哲『伊勢崎藩老衆と事蹟の一考察』（伊勢崎郷土文化協会　一九九七年）
黒澤哲『嘉永年時　伊勢崎藩家臣分限帳』（伊勢崎郷土文化協会　一九九五年）
中谷誠『飯島家文書から視た日光例幣使道境町飯島本陣』（上毛新聞社事業局出版部　二〇一三年）
八木一章『学校様物語：伊勢崎藩領内の郷学校の内、上樋越村嚮義堂の研究』（上毛新聞社出版局　二〇〇四年）
伊勢崎織物協同組合『伊勢崎織物史』（伊勢崎銘仙会館　一九六六年）
住谷百合子他編『伊勢崎藩石州流茶道奥義書』（二〇〇四年）
石川謙『伊勢崎藩の郷学：官民協力の経営になる郷学』（群馬県立図書館　二〇〇四年）
井上定幸『伊勢崎藩における在方商人の経営形態：上植木村・川端家史料の紹介』（群馬県立図書館　一九八九年）
「慶應四戊辰役伊勢崎藩出兵一件」（筆写本　伊勢崎市立図書館蔵）

取材協力

伊勢崎市立図書館
相川考古館
天増寺
群馬県立歴史博物館
伊勢崎明治館
旧森村家住宅
関東短期大学松平記念図書館

栗原 佳（くりはら・すぐる）
平成元年（一九八九）群馬県前橋市に生まれる。群馬大学教育学部卒業、学習院大学大学院卒業。高校地理歴史科の教諭。群馬県立伊勢崎商業高校勤務を経て、
現在は高崎市内の県立高校に勤務する。
NPO法人歴史資料継承機構「じゃんぴん」会員。
論文「近世中期における高家の職務　勅使江戸下向時の火事から尊号一件まで」（近世の天皇・朝廷研究大会成果報告集六、二〇一五年）。

シリーズ藩《はん》物《もの》語《がたり》 **伊勢崎藩**《いせさきはん》
二〇一八年一月二十日　第一版第一刷発行

著者――栗原　佳
発行者――菊地泰博
発行所――株式会社 現代書館
東京都千代田区飯田橋三―二―五　郵便番号102―0072　http://www.gendaishokan.co.jp/
電話 03―3221―1321　FAX 03―3262―5906　振替 00120―3―83725
組版――デザイン・編集室 エディット
装丁――中山銀士＋杉山健慈
印刷――平河工業社（本文）東光印刷所（カバー・表紙・見返し・帯）
製本――鶴亀製本
編集――加唐亜紀
編集協力――黒澤　務
校正協力――駒沢正博

 ISBN978-4-7684-7146-3

江戸末期の各藩

松前、八戸、七戸、黒石、**弘前**、**盛岡**、**一関**、秋田、亀田、本荘、秋田新田、仙台、松山、**新庄**、**庄内**、天童、長瀞、**山形**、上山、**米沢**、米沢新田、相馬、福島、**二本松**、三春、**会津**、**守山**、棚倉、平、湯長谷、泉、**村上**、黒川、三日市、**新発田**、村松、三根山、与板、**長岡**、椎谷、**高田**、糸魚川、松岡、笠間、宍戸、**水戸**、下館、結城、**古河**、下妻、府中、土浦、麻生、谷田部、牛久、大田原、黒羽、烏山、喜連川、**宇都宮・高徳**、壬生、吹上、**足利**、佐野、関宿、高岡、佐倉、小見川、多古、一宮、**生実**、鶴牧、久留里、大多喜、請西、飯野、佐貫、勝山、館山、岩槻、忍、岡部、**川越**、沼田、前橋、**伊勢崎**、館林、高崎、吉井、小幡、安中、七日市、飯山、須坂、**松代**、**上田**、**小諸**、岩村田、田野口、**松本**、諏訪、**高遠**、飯田、金沢、荻野山中、小田原、**沼津**、小島、田中、掛川、**相良**、横須賀、浜松、富山、加賀、大聖寺、郡上、高富、苗木、岩村、加納、大垣、高須、今尾、犬山、挙母、岡崎、西大平、西尾、吉田、田原、大垣新田、尾張、**刈谷**、西端、長島、**桑名**、神戸、菰野、亀山、津、久居、鳥羽、宮川、彦根、大溝、山上、西大路、三上、膳所、水口、丸岡、勝山、大野、**福井**、鯖江、敦賀、小浜、淀、新宮、田辺、紀州、峯山、宮津、田辺、綾部、山家、園部、亀山、福知山、柳生、柳本、芝村、郡山、小泉、櫛羅、高取、高槻、麻田、丹南、狭山、岸和田、伯太、豊岡、出石、柏原、篠山、尼崎、三田、三草、明石、小野、姫路、林田、安志、龍野、山崎、三日月、赤穂、鳥取、若桜、鹿野、**津山**、勝山、新見、岡山、庭瀬、足守、岡田、岡山新田、浅尾、松山、鴨方、福山、広島、広島新田、高松、丸亀、多度津、西条、小松、今治、松山、**大洲・新谷**、**伊予吉田**、**宇和島**、徳島、**土佐**、土佐新田、**松江**、広瀬、母里、浜田、津和野、岩国、徳山、長州、長府、清末、小倉、小倉新田、**福岡**、**秋月**、**久留米**、柳河、三池、蓮池、唐津、**佐賀**、小城、鹿島、大村、島原、平戸、平戸新田、**中津**、杵築、日出、**府内**、臼杵、**佐伯**、森、**岡**、熊本、熊本新田、宇土、人吉、延岡、高鍋、佐土原、飫肥、薩摩、対馬、五島（各藩名は版籍奉還時を基準とし、藩主家名ではなく、地名で統一した）

★太字は既刊

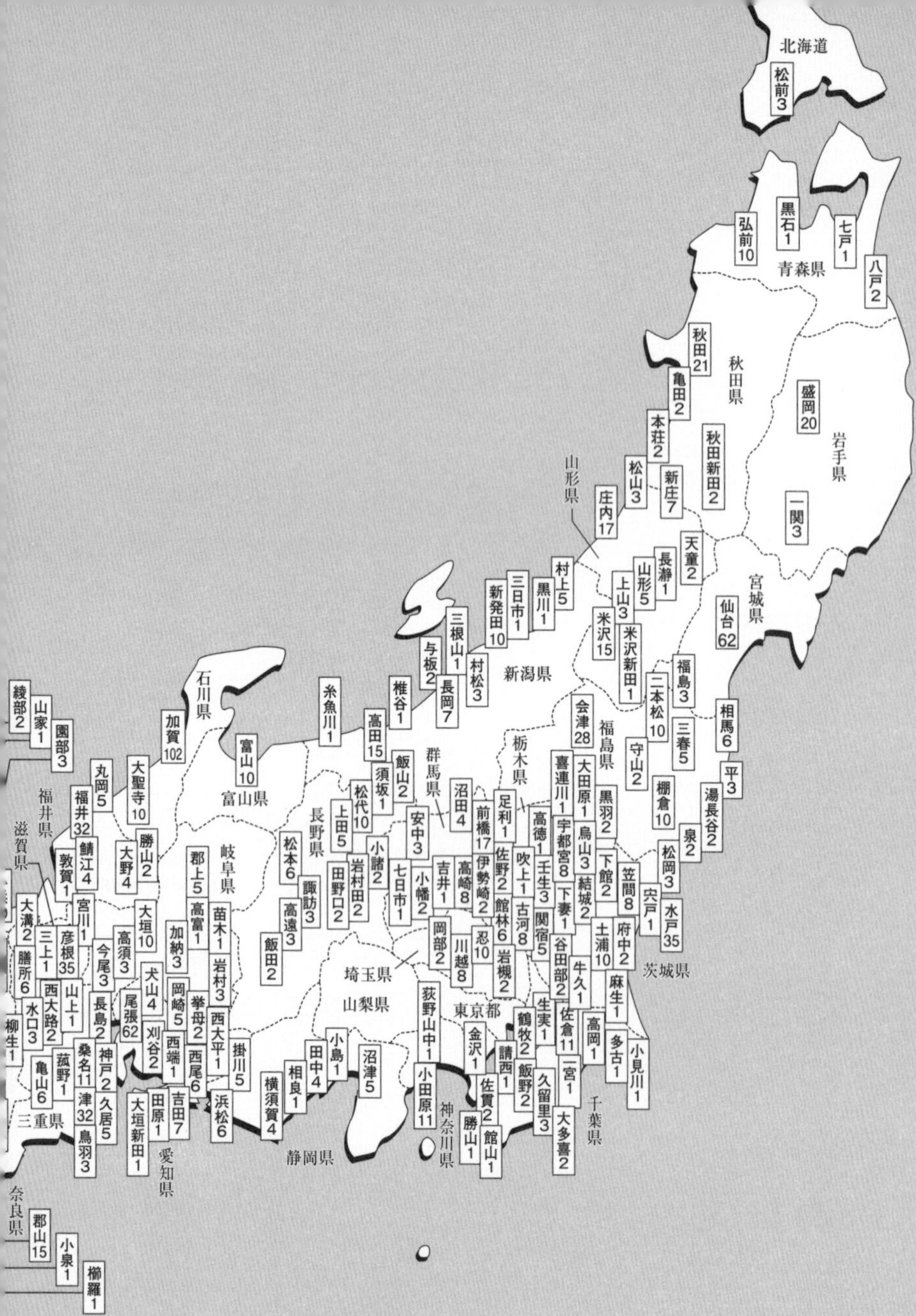

江戸末期の各藩
（数字は万石。万石以下は四捨五入）